シリーズ 大学の教授法　5

研究指導

近田政博 編著

玉川大学出版部

「シリーズ 大学の教授法」刊行にあたって

　「私は教授法を体系的に学んでいないので、授業には自信がありません」という大学教員の声をよく聞きます。確かに小学校や中学校の教員のように、教員になるための十分な教育を受けずに教壇に立つことが多いため、大学教員には授業に対する不安や苦労も多いのかもしれません。一方、大学教育改革を推進していくために、教員の教授法に対して寄せられる期待は近年ますます高まっています。

　2008年に大学設置基準でFD（ファカルティ・ディベロップメント）が大学に対して義務化され、教授法を身につけるための教員向けの研修が増えてきました。しかし、教授法は研修によってのみ習得されるものではありません。もちろん研修にも一定の有効性はありますが、自らが学生や生徒として受けた教育の経験を振り返ったり、周りの教員による指導や助言を受けたり、教授法の書籍を読んだりすることなどからも身につけていくものです。

　本シリーズは、大学における教授法の知識と技能を体系的に提示することで、よりよい授業をしたいと考える大学教員を支援しようとするものです。したがって、第一の読者として想定しているのは大学教員です。加えて、大学教員を目指す大学院生、各機関のFD担当者、教務部門の職員、大学教育研究者、さらに大学の管理職や大学以外の教育職に就いている人などにも役立つものであると考えています。

　本シリーズを作成するにあたって、各巻の編者との間で執筆の指針として共有したことが3点あります。第一に、内容が実践に役立つことです。読んだ後に授業で試してみたいと思う具体的な内容をたくさん盛り込むよう留意しました。そのため、新任教員だけでなく、ある程度教育経験をもった教員にとっても役立つはずです。第二に、内容が体系的であることです。シリーズ全体において、教授法に関する重要な内容を整理してまとめました。第三に、内容が読みやすいことです。広い読者層を念頭に、できるだけわかりやすく書くことを心がけました。

　本シリーズが幅広い読者に読まれ、読者のもつさまざまな教育課題を解決する一助となること、そして、その結果として日本の大学において教育の質を向上させる取り組みが広がっていくことを願っています。

シリーズ編者　中井俊樹／佐藤浩章

はじめに

　今日の日本の大学では、いったん大学教員として採用されると、多くの場合は指導教員として学生を受け持ち、彼らの卒業論文作成に大きな役割と責任を担うことになります。この点に大きな不安を抱える大学教員は少なくありません。授業設計、アクティブラーニング、講義法、学習評価などの教育活動について、多くの実践や知見の共有がなされているものの、研究室の運営や論文指導の実態には不明な点が多くあり、その研究もあまり進んでいるとはいえません。

　一般的に研究指導とは、学士課程や大学院課程を問わず、学生の研究活動を教員が指導・支援する取り組みの総体を指します。英語ではresearch supervisionやacademic advisingと表現されます。国内外を問わず、研究指導は大学院教育、特に博士論文を作成するプロセスにおける指導教員の責務や役割を指すことが多く、これまで学士課程についてはあまり注目されてきませんでした。日本の大学の学士課程では、授業の質をどう保証するかという点が優先課題であったために、研究指導に関する議論は後回しにされてきたといえるかもしれません。

　本書に通底する問いは、「研究指導において、指導教員として果たすべき役割は何か」です。本書ではその答えを「卒業論文などの研究活動を通じて、学生が自律的な学び手となるのを支援すること」であると考えます。本書では、これまで大学院に限定されがちだった研究指導の射程を、学士課程にも拡大することを意図しています。つまり、「研究者をめざさない学生」が多数を占める学士課程において、研究指導をすることの意義や難しさは何かを明らかにしたいのです（大学院教育特有の課題については14章で扱います）。

　多くの大学で行われている研究指導は、ゼミや研究室のメンバー全員に対して一斉に行う指導と、個々の学生のニーズや特性に応じて行う個別面談の組み合わせといえます。授業では教員は学生を主導する立場にあるのに対して、研究指導では学生の研究を側面から支援する立場にあります。本書では、卒業論文作成における指導・支援の方法、指導教員としての学生との接し方、研究室の日常的な運営、個別面談や集団指導の方法を扱います。

　本書の刊行にあたり、多くの方々からご協力をいただきました。本シ

リーズの編者である中井俊樹氏（愛媛大学）、佐藤浩章氏（大阪大学）をはじめ、他巻の編者や執筆者である中島英博氏（名古屋大学）、山田剛史氏（京都大学）、栗田佳代子氏（東京大学）、小林忠資氏（愛媛大学）には、本書の草稿段階から貴重なアドバイスをいただきました。編著者以外にも、内田正哉氏（埼玉工業大学）、大場裕一氏（中部大学）、武田雅敏氏（長岡技術科学大学）、鳥居朋子氏（立命館大学）、福井康雄氏（名古屋大学）、前島正義氏（名古屋大学）、山内乾史氏（神戸大学）から貴重なノウハウをご教示いただきました。また、「SPOD（四国地区大学教職員能力開発ネットワーク）フォーラム2016」で、編者が担当したプログラムに参加してくださった全国の大学教職員のみなさま、神戸大学の同僚教員からは、研究指導に関する数多くの体験談やノウハウをご教示いただきました。

　編集や校閲の作業においても多くの方にお世話になりました。神戸大学大学院生のチェ・ソンキョン氏と原裕美氏には根気の要る編集作業にご協力いただきました。杉野竜美氏（神戸大学）、江田英里香氏（神戸学院大学）、江田ジェニファー氏には参考資料の作成にご協力いただきました。小川幸江氏には校閲作業にご協力いただきました。玉川大学出版部の森貴志氏は、執筆の遅れがちな私をいつも激励してくださいました。この場をお借りして、ご協力いただいたみなさまに御礼申し上げます。

　最後に、研究指導がもつ重要性と課題について私にご教示くださった寺﨑昌男先生と、深い愛情をもって私を育ててくださった故・馬越徹先生と西野節男先生に心からの感謝を込めて本書を捧げます。

編著者　近田政博

本書の構成と使い方

　本書は五つのパートから構成されています。第1部から順に読まれることを想定して書いていますが、関心のあるところから読むこともできます。学問分野の特性、個々の学生の特徴、研究指導の段階などに応じて、指導教員のニーズが大きく異なるためです。そのため、各章でまとまった内容とメッセージを伝えられるように工夫しました。各パートの内容は次のとおりです。

　第1部では、研究指導を始めるにあたって必要となる前提知識を学びます。そもそも研究指導とは何か、一般的な授業と何が異なるのか、どのような難しさがあるのかについて理解を深めます。さらに、研究指導の基本プロセス、類型、仕組みなどについて紹介します。

　第2部では、研究指導でめざすべき目標を四つの要素で説明しています。第1は、計画立案の能力を高めることです。すなわち、研究テーマの見通しを立てて、実行可能な工程を考えることです。第2は、研究上の問いや仮説を学生に立てさせることによって、その後の社会生活の礎となるような探求的思考を促すことです。第3は、学生に豊かな経験を与え、学生の研究へのモチベーションを高めることです。第4は、研究倫理の意義を社会との関係のなかで理解させ、その基本を身につけさせることです。

　第3部では、研究指導を実際に始めるうえで、学生との基本的な信頼関係を築く方法を学びます。学生の多様性に配慮する方法、研究室を立ち上げる際の留意点、個別面談を行うにあたって留意すべき点などをまとめました。

　第4部では、集団指導の具体的ノウハウを身につけます。研究指導の多くは個別面談よりも、ゼミや研究室全体で行う方が効率的で効果的な場合が多くあります。研究活動における学生相互の協働を促す方法、読むトレーニングや書くトレーニングを学生に課す方法、研究発表を支援する方法を紹介します。また、大学院生への研究指導に特有の課題、指導教員として成長するための視点を紹介します。

第5部では、研究指導に役立つ資料をまとめました。研究室ホームページに必要な要素、研究指導の実例、論文の評価基準、各種推薦状や個別面談記録シートのひな型を掲載しています。

研究指導　目次

第1部
研究指導の前提を理解する

1章　研究指導の意義と特性を理解する

2章　研究指導のプロセスを理解する

第2部

研究指導の指針と方法を理解する

3章　研究計画を立案させる

4章　探求的思考を促す

第3部

学生との信頼関係を築く

7章　多様な学生の研究を支援する

第4部

集団指導の効果を高める

10章　学生の協働を促す

11章　読む訓練をする

12章　書く訓練をする

13章　研究発表を支援する

14章　大学院生の研究指導を行う

第1部

研究指導の前提を理解する

1章

研究指導の意義と特性を理解する

1 研究指導とは何か

1.1 研究指導を定義する

本書では研究指導について、次のように定義します。

> 「大学あるいは大学院において、卒業論文、修士論文、博士論文の執筆
> や、卒業研究・卒業制作など、教育課程の最終段階に位置づけられた大
> きな研究課題(以下「卒業論文など」)に学生が取り組む際に、教員から継
> 続的に行われる指導、助言および支援」

本書での定義としたのは、学士課程における研究活動について、法令上
の明確な定義がないからです。ただし歴史をたどれば、明治時代に高等教
育機関が整備されはじめて以降、卒業研究や「得業論文」(現在の卒業論文に相
当する)の執筆が綿々と行われてきたことが確認されています(菅原 1972 な
ど)。今日においても、日本の多くの大学が学士課程においてさまざまな研
究活動を取り入れています。

具体的には、卒業論文が必修となっている大学、必修ではないが選択で
きる大学、卒業研究などの名称を用いて、卒業論文より簡易な研究レポー
トや口頭発表が課される大学などがある一方、卒業論文などが教育課程上
にいっさい組み込まれていない大学もあります。たとえば芸術学や建築学
などの分野では、卒業作品を制作し、その出展・上演が義務づけられている
ことがあります。さらにその制作に関するレポートや論文が課されるケー
スもあります。論文にしても作品にしても、個人単位で取り組む場合もあ
れば、チーム単位で取り組む場合もあります。

　こうした状況のなかで、学士課程における研究指導は、これまでは個々の教員に委ねられ、方法論の必要性が本格的に議論されることはほぼありませんでした。たとえば日本の大学で行われているファカルティ・ディベロップメント（FD）活動をみると、その大半は学士課程の教授技法や授業評価に関する内容が占めており、研究指導はFD活動の射程外に置かれてきました。実際には各研究室の活動や卒業論文作成においてさまざまな論点や課題が山積しているにもかかわらず、これらを網羅して体系的に整理する試みはまだ発展途上にあります。

　これに対して欧米の大学では、学士課程における研究指導（research supervision）の実施は、一部の研究大学に限られています。学士課程の最終段階で課されるのは10ページ程度のリサーチペーパーが多かったのです。研究指導を扱った文献では、大学院レベル、特に博士論文作成を支援する段階を扱うものが多くを占めているのはそのためです。近年になってようやく "undergraduate research" などの名称で学士課程における研究活動の意義が認められ、教育方法が検討されている状況にあります（National Academies of Sciences, Engineering, and Medicine 2017 など）。

　本書では主に学士課程において卒業論文などの作成を支援する研究指導に焦点を当てて、論点を整理していきます。大学院教育における研究指導については14章で述べます。

1.2　研究指導の意義を確認する

　研究者や大学教員になるつもりのない学生にとって、研究指導はどのような意義をもちうるのでしょうか。学士課程において研究指導を実施する日本の大学では、この問いは重要です。大学教員の多くが研究指導の意義を高く評価しているという指摘はありますが（橋本ほか 2011）、学生にとっての研究指導の意義は何かをあらためて確認しておく必要があります。

　研究指導の現代的な意義は、自律的に学ぶことのできる学習者になるための総仕上げであり、知識創造の経験であり、社会生活の擬似体験であるといえるでしょう。「自律的学習者への総仕上げ」とは、与えられた課題を要領よくこなして、単位をそろえることを考えていた大学生を、関心や問題の所在を自ら見いだして、解決や達成に向けて行動するように変容させるということです。「知識創造の経験」とは、独断や偏見を離れ、論理的主張や客観的根拠を提示することの重要性とその方法を学ぶことです。さらに、研究室は種々の多様性をもつ社会の縮図であり、研究というプロジェ

クトを遂行する場です。そこで活動する経験を積むことは社会人生活への助走、すなわち「社会生活の疑似体験」となりえます。

1.3 徒弟制は学士課程に援用できる

多くの大学教員にとって、こうした研究指導の意義はあまり自覚されていないかもしれません。なぜなら、大学教員が大学院で受けた研究指導は、徒弟制、すなわち師匠に弟子入りして実地の指導を受けることで一人前の職人に育っていく方式が一般的だからです。これに対して学士課程では、研究室で卒業論文などを作成したのち、実社会において就職する学生が多くを占めます。必ずしも研究者にならない大学生を大学教員が育てて社会に送り出す現状に徒弟制は適合するのでしょうか。

伝統的な徒弟制のなかにある学びの過程をさまざまな状況に適応できるようにした「認知的徒弟制」（cognitive apprenticeship）という考え方が提唱されています（Collinsほか1989）。この考え方は、熟達者と新参者の間でさまざまな教授・学習を段階的に積み重ねていくことによって、熟達者の技能や矜持を新参者が内面化し、新参者の自己修正や自己検証の能力が高まるというものです。

本書では、熟達者が新参者を育てていく徒弟制のしくみは、さまざまな場面に援用することが可能であるという立場をとります。学士課程における研究指導の本質は、研究者自身がふだん行っているように、学生が知識創造や活用のスキルを身につけ、自己修正や自己検証の能力を高めることにあります。指導教員の役割は、研究室に配属される学生を新参者として歓迎し、段階的に学生を育てていくことです。

2 研究指導の特性

研究指導は、「卒業研究」「○○学演習」といった名称で単位化されている場合もありますが、決められた時間に教室に集まり、指示された予習復習をこなす通常の授業とはかなり様相が異なります。いくつかの特性を見ておきましょう。

2.1 長く密に関わる

研究指導では、多くの時間が研究活動や研究室における協働学習・共同

生活に費やされます。1学期あるいは1クォーターで完結する授業に対し、研究指導は1年ないしそれ以上の期間にわたることが特徴です。

　このことは、学生の研究室への帰属意識、研究室メンバー間での相互作用を生み出します。指導教員と学生は、互いの名前はもちろんのこと、出身地や趣味、性格に至るまで、相手のことをよく知るようになります。学生同士は「○○研の△△さん」と認識するようになり、実際に共同研究室や実験室などを使用していくなかで研究室への帰属意識を高めます。研究室の文化や環境から学ぶことや、互いに影響を与え合う機会も増えます。

　さらに、卒業・修了した後にも研究室とのつながりが継続されることが多くあります。大学教員の退職記念パーティーなどでは、その教員が指導した研究室の卒業生・修了生が大勢集まる場面がみられます。また、OB・OGが出身研究室を訪問しようとリクルーターを希望することもあります。OB・OG会が組織されて、恩師や後輩の現役学生との交流を定期的に図っている事例もあります。

　教員は、指導する学生から研究活動以外の相談を持ちかけられることもよくあります。相談内容は、日々の生活のことから就職活動や職業選択といった将来の人生設計に関わることまで広範囲に及びます。研究指導を担当する教員は、学生にとって在学中の関わりが最も多い教員だといえるでしょう。

2.2　個人指導と集団指導を往来する

　研究指導の形態は通常の授業とはかなり異なります。研究指導においては1対1（ないし少数）の個別面談の機会が頻繁に設けられます。授業では1対多の関係がほとんどであり、学生全体に向かって説明したり問いかけたりする場面が多くを占め、個別指導をする場面は例外的です。授業ではすべての学生に同じ指導が行きわたることが重視されるからです。他方、研究指導では、学生が取り組む研究課題やその進捗、現在の能力や置かれた状況などを考慮して、個別の指導が行われるのが通例です。

　個別指導に加えて、研究指導には研究室メンバー全体に対する指導もあります。たとえば発表練習の場面ならば、発表した学生に対して教員が問いかけるだけでなく、この様子を見ている他の学生もまた、さまざまなことを学びとります。これによって、教員は同じ指導を何度も個別に繰り返す必要がなくなります。さらに演習の時間以外の休憩時間や食事の時間にも、他の学生に研究方法を教えてもらう機会や一緒に議論する機会があり

ます。このように、研究指導の特徴は、個人指導と集団指導を往来し、両者を組み合わせることによって、学びが深まることにあります。

2.3 共同体のなかで学ぶ

研究室メンバーの属性が多様であることは、重層的かつ多面的な研究指導を可能にします。教える側の多様性が学ぶ側の発達を大きく促すという指摘もあります(Higgins & Kram 2001)。同級生同士の学び合いにとどまらず、複数の教員から指導助言が受けられる、技術スタッフや研究員(ポスドク)から手ほどきを受けられる、上級生が一緒に行動してくれるといった研究室の日常は、学生の学びを豊かにする要素に富んでいます。

徒弟制とは、職能共同体の周辺部分から見習いとして参入し、やがては構成員としてその中心に向かって熟達していくプロセスです。新参者は、自分よりも経験がある成員たちの知識や技術だけでなく、その立ち居振る舞い、生活様式、価値観、人格など、あらゆる面について学びます。この考え方を「正統的周辺参加論」(legitimate peripheral participation)といいます。

正統的周辺参加論では、学ぶという行為は単なる知識習得にとどまらず、全人格を巻き込むプロセスであると説明されています(レイヴとウェンガー 1993)。徒弟制における学びは、職能共同体の一員としてのアイデンティティ形成と、成長に伴う互いの役割変容のプロセスなのです。

仲間同士で学び合う文化や実践の現場を新人に見せて、彼らに成長の軌道をイメージさせることは、職能共同体においては今なお重要です。研究室で学ぶべきことは専門的な知識や技術だけではないのです。

3 研究指導の今日的課題

3.1 学生の変容と教員の多忙化

現代の大学における学生層の多様化は、研究指導のあり方にも影響を与えています。18歳人口に占める大学進学率は50%を超え、入学時点における学力、大学に対する認識、卒業後の進路志望などに大きな変化をもたらしました。大学進学が特別なものでなくなった現在、大学に対する期待や価値観が以前とは大きく異なる学生層がキャンパスに出現しています(居神 2010)。当然のことながら、彼らが必要とする研究指導のあり方も大きく多様化しています。

　一方、大学教員の側では、教育・研究の時間が減少したという指摘があり（神田と富澤 2015、p.15）、限られた時間内に多くの学生を指導しなければならない状況にあります。

古き良き時代(?)の研究指導

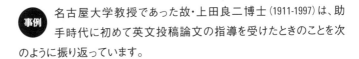 名古屋大学教授であった故・上田良二博士(1911-1997)は、助手時代に初めて英文投稿論文の指導を受けたときのことを次のように振り返っています。

> 先生はまず題目を読み、この題では、これこれの意味になるから、内容としっくりしない。「もう少し良い題はないでしょうか」といって目をつぶって考えこまれました。(中略)先生は目をつぶったままなので全く困りました。仕方なく、他の題を考えて、これでは如何でしょうと伺うと、この題ならばこんな所が強調されているとか(中略)実に題目だけで二時間近くも議論し、それでもまだ何もきまらなかったのには驚きました。
>
> （出所　上田 1961、p.346 より抜粋）

　実はこの原稿は 2 年以上も前に先生に渡してあったものです。あまりに何も言われないのでのぞいてみたら、なんと引き出しの中で原稿にホコリが溜まっていたそうです。そしてある日、「これから校訂をします」と言われ、題目から検討が始まったのです。

　その後は毎日 2、3 時間も討論して校訂作業が行われました。とはいえ、上記のような進め方ですから、よくて 1 日 1 ページ、時には済んだはずのところまで根こそぎ書き直し。1 ヶ月に及ぶ根気強い指導で「文章を通じて考えを分類し整理することを教えられ」たと、上田博士は述懐しています（上田 1961、pp.345-349）。

　現代では研究指導にかける時間が減り、研究の進展も早くなったため、上田博士のような経験はなかなかできないでしょう。昔ながらの研究指導のよさを引き継ぎつつ、現代の状況に即した変更が必要であることをひしひしと感じます。それはすなわち、研究指導の質を保って効率を上げるということに他ならないでしょう。ちなみに、上田博士が論文原稿を 2 年間も「寝かされた」のは最初の 1 本のみで、その後は半年くらいだったそうです。

3.2 学生と指導教員の認識ギャップ

　学生層が多様化すれば、学生と指導教員との間で相互の認識や期待のズレをいかに解消するかが重要になります。指導教員は学生に次のような期待をしているといわれています（フィリップスとピュー 2010、pp.147-155）。

　　・学生に自立してほしい
　　・学生に草稿ではなく原稿を書いてほしい
　　・学生と定期的に会いたい
　　・学生に進捗を正直に報告してほしい
　　・学生に指導に従ってほしい
　　・学生に驚きのある楽しい仕事をしてほしい

　一方で、学生が指導教員に対して期待するのは以下のようなことです（前掲書、pp.214-238）。

　　・書いたものを事前によく読んでおいてほしい
　　・指導が必要なときに指導してほしい
　　・フレンドリーで、オープンで、親身でいてほしい
　　・建設的な批判をしてほしい
　　・研究対象についてよく知っていてほしい
　　・指導をスケジュール化してほしい
　　・自分の研究に関心をもち、進むべき道についてもっと情報を与えてほしい
　　・修了時によい仕事を得るための研究上の成功に十分に関わってほしい

　ここからわかるように、教員は学生に対して自発的に研究に取り組むことを期待する傾向がみられますが、学生側は教員に基本的なことをきちんと体系立てて指導してほしいという要望をもっています。上記の例は英国の大学における博士課程を対象とした調査結果ですが、学士課程を含む日本の大学教育現場においてもよく似た指摘がみられます（羽田編 2015）。洋の東西や教育段階を問わず、研究指導における教員側の期待と学生側の期待がかみ合わないと相互不信が起こりやすくなります。

3.3 高等教育政策における研究指導の位置づけ

　日本の高等教育政策においては、研究指導における閉鎖性がたびたび議論されてきました。たとえば中央教育審議会答申「新時代の大学院教育

——国際的に魅力ある大学院教育の構築に向けて」(2005) では、研究室における教育が狭い専門分野ごとの指導教員、人間関係によって縦割りになっているので、個々の教員に過度に依存し、教育システムとしての透明性が低く、柔軟性に欠けるという点が指摘されています。

そのため2007年に大学院設置基準が改正された際には、「大学院は、当該大学院の授業および研究指導の内容および方法の改善を図るための組織的な研修および研究を実施するものとする」(第14条の3) と明記されました。大学教員の研究指導能力の向上が、大学院課程をもつ大学の義務として位置づけられたのです。

一方、学士課程における研究指導のあり方は、これまであまり議論されてきませんでした。これには前述したように、学士課程における研究指導が多くの大学で実際になされているにもかかわらず、制度化されてこなかったことが影響しています。たとえば、2004年に大学評価・学位授与機構 (当時) が出した大学評価基準では、学士課程について「教育課程を展開するにふさわしい授業形態、学習指導法などが整備されていること」とあるのみで、研究指導については記載がありません。また、学士課程教育のFDは2008年に義務化されていますが、その実施においては主として授業改善に焦点が当てられ、研究指導についての議論はまだ発展途上にあります。

3.4　学生が巣立つ先の社会が求めるもの

現代の大学教育には、社会にイノベーションを起こすことをめざして、さまざまなスキルを駆使して創造的な活動ができる人材を育成することが求められています。このことは「学士力」(文部科学省)、「社会人基礎力」(経済産業省)、「キー・コンピテンシー」(経済開発協力機構) などの概念が2006年ごろに相次いで打ち出されたことにも表れています (表1参照)。大学教育と社会の接点にある学士課程の研究指導では、専門分野によらない汎用的な基礎力を学生に確実に身につけさせ、同時に自分の利益だけでなく社会全体に貢献することの重要性を伝えるという役割も求められています。

この背景として、現代社会が知識基盤社会に移行していることが挙げられます。知識基盤社会の特質は、生み出され、活用され、流通していく知識によって社会が動いているということです。知識が陳腐化するまでの時間は短くなり、知識そのものよりもむしろ、考え方、振る舞い方、学び方を学ぶことを通じて「自律的な学習者」になることが重視されます。よりよい

知識を生み出せるか、既存の知識を正しい文脈で活用できるか、その限界を考慮できているか、知識を劣化させることなく伝達できているかという観点が重要になります。さらには、知識や技能をもつ者としての矜持や倫理、共同体の一員としての意識や振る舞いなど、態度に関わる要素も同時に求められます。

　学術の発展によって得られるのは恩恵ばかりではなく、負の側面、リスクもつきものです。こうして社会的リスクが増大した社会を「リスク社会」といい、富の分配からリスクの分配への変化が指摘されています（ベック1998）。日本では2011年に起きた原子力発電所の事故が象徴的な出来事でした。正しくリスクを理解すること、リスク回避の方法を見いだすこと、利害関係や異なる価値観を調整することなど、リスク社会をよりよく生きるためにもさまざまな能力が求められます。

　現代の研究指導、特に学士課程においては、研究成果を挙げようとするなかで、こうした汎用的な基礎力、リスク管理やコミュニケーションの能力を身につけることが重視されるようになりつつあります。

表1　学士力、社会人基礎力、キー・コンピテンシーの項目

学士力 学士課程教育を通じて 習得されるべき能力	社会人基礎力 職場や地域社会で 多様な人々と仕事をしていく ために必要な基礎的な力	キー・コンピテンシー 人生の成功や社会の 重要課題への対応などのために 個々人に求められる能力
1. 知識・理解 ① 多文化・異文化に関する知識の理解 ② 人類の文化、社会と自然に関する知識の理解	**1. 前に踏み出す力** ① 主体性 ② 働きかけ力 ③ 実行力	**1. 認知的、社会文化的、技術的ツールを相互作用的に活用する力** ① 言語、シンボル、テクストを活用する能力 ② 知識や情報を活用する能力 ③ テクノロジーを活用する能力
2. 汎用的技能 ① コミュニケーション・スキル ② 数量的スキル ③ 情報リテラシー ④ 論理的思考力 ⑤ 問題解決力	**2. 考え抜く力** ① 課題発見力 ② 計画力 ③ 想像力	**2. 多様な社会集団における人間関係形成能力** ① 他者と良好な関係を構築する能力 ② 協働する能力 ③ 利害の対立を御し、解決する能力
3. 態度・志向性 ① 自己管理力 ② チームワーク、リーダーシップ ③ 倫理観 ④ 市民としての社会的責任 ⑤ 生涯学習力	**3. チームで働く力** ① 発信力 ② 傾聴力 ③ 柔軟性 ④ 状況把握力 ⑤ 規律性 ⑥ ストレスコントロール力	**3. 自律的に行動する能力** ① 大局的な視点に立って行動する能力 ② 人生設計や個人の計画を作り実行する能力 ③ 自らの権利、利害、責任、限界、ニーズを表明する能力
4. 統合的な学習経験と創造的思考力		

出所　中央教育審議会 (2008)、経済産業省ホームページ、ライチェンほか (2006) を参考に作成

2章

研究指導のプロセスを理解する

1 研究指導の基本的な流れ

1.1 研究活動の諸段階

　研究指導は、学生の研究活動の流れに沿って行われます。研究活動の基本的なサイクルは、図1のように表現できます（Macfarlane 2009、pp. 38-41）。
　第1段階の「フレーミング」では、問いや仮説、課題を定めて研究計画が形づくられます。学生は、自ら研究の目的や方法を定めたり、教員の提示する研究テーマ候補から選択してその理解に努めたりします。研究計画書の提出が求められる場合もあるでしょう。第2段階の「交渉」では、実験ができる環境づくり、調査の準備、資料や資材の入手などの準備が行われます。第3段階はデータやアイデアの「生成」です。実験や調査を行ったり、イン

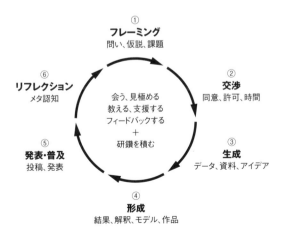

図1　研究活動のサイクル（出所　Macfarlane 2009、pp.38-41を参考に作成）

スピレーションを得たりする場面です。第4段階の「形成」では、調査や実験結果の分析、解釈、モデル化、概念化、理論化、批判が行われます。卒業制作として求められる芸術作品などを創り出すのもこの段階です。第5段階の「発表普及」では、研究発表や論文投稿、展示やパフォーマンスなどが行われます。学士課程の場合、研究室内部で進捗を報告する、研究会などの場で発表をする、学位論文についてプレゼンテーションをするなどの場面に相当します。第6段階の「リフレクション」では、前段階における質疑の内容や聴衆・読者の反応を振り返り、今後の研究方針を考えます。

　これらの段階は必ずしも直線的には進みません。時には想定したように進まず、前の段階に戻る必要が生じる場合があります。また、第6段階まで至ったら、研究を終了させるのではなく、再び第1段階に立ち戻って研究計画の構成をし直します。それが研究活動のあるべき姿であるという意味がこの図には込められています。

1.2　研究活動の段階に応じた指導方法

　こうした研究サイクルにおいて指導教員がとるべき行動は、以下のようなものです (Eley & Murray 2009)。

- ・学生に対する説明、指導、助言を十分に与える
- ・学生の研究プロジェクトの方向と進捗をモニターする
- ・学生と定期的に会う
- ・学生の発達ニーズを見極める
- ・学生が問題を解決するのを支援する
- ・研究方法について教授する
- ・成果や進捗に関するフィードバックを学生に与える
- ・学生が倫理的な研究について理解し、実践することを支援する
- ・学生が報告、批評、審査などに向けて準備するのを支援する
- ・所属機関における各種の説明や支援の機会について学生に情報を与える
- ・学生が学会に参加したり、論文を発表することを支援する
- ・指導教員としての研鑽を続ける

　図1に基づいて、各段階において求められる研究指導の内容を見ていきましょう。

　第1段階の「フレーミング」では、教員はまず、研究計画とはどのような
ものかを学生に伝える必要があります。その後、学生の理解状況や意向を
確認しながら、学生自身の言葉で研究計画をまとめられるように支援しま
す。第2段階の「交渉」では、何をどのような手順で進めればよいかについ
て学生を導くのが教員の役割です。研究のために必要な資金を供給した
りその獲得の支援をしたりすることもあれば、教員のもつ人的ネットワー
クを学生に紹介することもあります。第3段階の「生成」では、実験装置の
動かし方や記録のとり方などのテクニカルなスキルや、批判的思考や創造
的思考などの認知的スキルなどを伸ばす支援をします。第4段階の「形成」
では、分析の仕方、理論化の方法、作品の仕上げ方などを指導します。教員
から直接に指導するばかりでなく、教員の人的ネットワークを動員するこ
ともできます。ここは研究活動の本質といえる段階ですが、学部生の場合
には深化には至らないケースも多くあります。第5段階の「発表普及」で
は、プレゼンテーションや論文執筆の方法を学生に指導します。第6段階
の「リフレクション」では、学生のリフレクションを促すように働きかけ
ます。

1.3　段階的に学生を支援する方法

　研究指導では、学生が自律的に学べるようにするために、さまざまな段
階を設定し、これを経験させることが必要になります。前述した認知的徒
弟制の考え方は、次の段階をたどると説明されています(Collinsほか1989)。

- ・モデリング：熟達者がやってみせ、新参者に観察させる
- ・コーチング：新参者にやらせてみて、熟達者が観察し、ヒントを与える
- ・スキャフォールディング（足場作り）：不慣れな新参者でもできるような
  一時的支援を行う
- ・フェーディング：新参者がだんだんとできるようになったら、一時的
  支援を徐々に取り除く
- ・振り返り：新参者に自分の実践過程と熟達者の実践を比較させ、その
  ちがいを考えさせる
- ・探求：新参者が獲得した知識をもとに新たな問いを探し、それを解決
  するように促す

　人は説明しただけで物事を容易に理解し、習得できるようになるわけで

はありません。見せて、やらせて、繰り返し説明し、必要かつ具体的な支援を行い、上達度に応じてその支援の度合いをだんだん減らしていき、新参者自身に振り返る機会を与えるなど、さまざまな段階が必要となります。学生を指導する場合も同様です。たとえば、研究の進展、学生の発達段階、学生個々の状況に応じて研究指導の方法を変えることができること、学生とともに研究指導のあり方を検討し修正できることなどが、優れた指導教員の要件だとされています (Eley & Murray 2009、pp.54-55)。

1.4　研究指導の類型

　研究指導にはさまざまな類型があります。たとえば、Lee (2012) は研究指導の目標を五つに分け、それぞれに適した指導方略を対応づけています (表2)。これらの類型は互いに明確な境界線をもつわけではなく、また、同時に複数の類型が当てはまることもあります。さらに、学生の発達段階によって最適な類型が変化することもあります。それぞれの類型には長所と短所もありますので、一つずつ見ていきましょう。

1 ┃ 職能獲得型 (Functional teaching and supervision)

　学生にプロジェクトを担わせることで専門家としての職能をもたせることをめざす形態です。指導の一貫性を保ちやすく、進捗を管理しやすいという強みがありますが、学生のオリジナリティを柔軟に受け止められないかもしれません。

2 ┃ 文化包摂型 (Supporting encultulation)

　研究室という集団への正統的周辺参加を通じて、そこで求められる知識、技能、振る舞い方や考え方を身につけさせるものです。学生の参加を促すことができ、アイデンティティ形成や共同体構築が進みやすいものの、同質性を強く求めるあまり、内部の多様性に対して不寛容になる可能性があります。

3 ┃ 批判的思考型 (Developing critical thinking)

　議論を繰り返しながら、事象について論理的に検証を重ねて、問題を論理的合理的に解決できるように導きます。筋の通った研究ができ、世間一般に広まっている誤解を見いだせますが、批判に集中することによって創造性の否定や没個性につながるかもしれません。

表2　研究指導の目標と指導方略

類型	目標	指導方略
職能獲得型	当該分野の専門家として職務を進めるうえで必要な機能を果たせるように導く	プロジェクトを遂行させる
文化包摂型	専門家コミュニティへの正統的周辺参加を通じて、専門家としての自立に導く	学問分野の一員らしく過ごさせる
批判的思考型	事象に対して、さまざまな角度から検証し、本質を見抜けるように導く	問い直しを促す質問をして考えさせる
自由獲得型	社会の慣習や通念を離れて、自由に思考できるように導く	探求への自律的挑戦を促し、支援する
同僚関係型	同僚専門家としての関係をつくる	相談に応じる、声をかける

出所　Lee(2012)を参考に作成

4 ｜ 自由獲得型（Enabling emancipation）

　学生が社会の慣習や通念を離れて自由に思考し、自立して行動できるようになるために、学生が必要とする情報を与えます。個人の成長に重きが置かれ、変化への耐性も養われますが、教員の思考を押し付ける結果になっていないかについて注意が必要です。

5 ｜ 同僚関係型（Creating a relationship）

　学生との間に同僚専門家としての関係を築くことをめざし、相談に応じたり声かけをしたりすることが中心になります。生涯にわたる関係を築くことができ、また自尊心も養われますが、その半面、ハラスメントの温床になりやすいことや、指導の放任と受け止められやすいことが指摘されています。

　各類型の長所と短所を把握しておくと、指導上の工夫や研究室の運営にも役立てることができます。たとえば、表3では大所帯の研究室運営の方策を示しています（Lee 2012、pp. 141-153）。類型によって、具体的な方策にちがいがあることが見てとれます。このことは、ある指導類型に基づいた研究指導がうまくいかなくても、別の類型に切り替えて異なる方策をとることによって、状況を打開できる可能性を示しています。

　なお、本書第2部は、上記の目標と関連づけて構成しています。「3章　研究計画を立案させる」は、職能獲得型が意図する専門家としての必要なプロジェクト管理能力を身につけさせることがねらいです。「4章　探求

的思考を促す」は、批判的思考型が意図する論理的思考力を養うことがねらいです。「5章　豊かな経験を与える」は、文化包摂型が意図するように、学生が研究室の一員としてさまざまな活動に参画しながら、自立をめざすのがねらいです。「6章　倫理的な姿勢を身につけさせる」では、同僚関係型にみられるような人間関係を基礎にしながら、自由獲得型が意図する真の知的探求に向けた下地づくりを主眼としています。

表3　研究指導類型による指導上の方策

	大所帯の研究室運営の方策	繰り返し指示しているのに学生が作業をしない場合の方策
職能獲得型	・関係するすべての教職員が（研究および研究指導の）進め方を共有する ・指導にあたるすべての教職員に研究指導のトレーニング機会を提供する ・役割分担と責任の所在を明らかにする ・研究指導の実効性を担保する ・一部の学生からの質問への回答をすべての学生に周知する	・明確なタイムテーブルをつくる ・ステップを示す ・やるべきことを伝え、復唱させる ・締め切りを通告する ・警告する ・再度トレーニングを行う
文化包摂型	・チームであること、互いに支え合って協働することを強調する ・オンラインのコミュニケーションを利用する ・定期的にランチタイムセミナーや雑誌会を開催し、教員自ら出席する	・グループミーティングで進め方の一般論について議論させる ・研究室メンバーのなかからメンターやトレーナーをつける
批判的思考型	・互いの論文をレビューできる体制・過程を検討する ・研究室メンバーそれぞれの強みと弱みを把握する ・特定の論文について学生同士がウェブ上でコメントし合うなど、テクノロジーの活用を図る	・最後通牒を申し渡す ・背景理解に努める（文化のちがい、誤解、優先順位についての合意の欠如など） ・このままだとどのような帰結になるかを学生とともに考える
自由獲得型	・ファシリテーションスキルを身につけてもらい、学生同士で教え合えるようにする ・さまざまな関係資料へのリンクを提供し、さらなる学習を促す	・学生自身が状況をどのように見ているかを尋ねる ・学生のパフォーマンスを自身に査定させ、他の学生と比較させる
同僚関係型	・研究室のソーシャルイベントに、家族連れやパートナー同伴で参加できるようにする ・研究室の団結を図るイベントを企画する	・なぜ指示どおりにしないのかについて学生と議論する ・どのような問題が起こりうるかを説明する

出所　Lee（2012）、pp.141-153を参考に作成

見たものすべてが宝物──指導教員も学び続ける

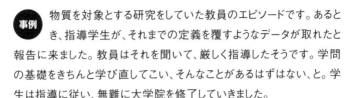

物質を対象とする研究をしていた教員のエピソードです。あるとき、指導学生が、それまでの定義を覆すようなデータが取れたと報告に来ました。教員はそれを聞いて、厳しく指導したそうです。学問の基礎をきちんと学び直してこい、そんなことがあるはずはない、と。学生は指導に従い、無難に大学院を修了していきました。

　しかしその頃、別の研究室でも同様の結果が出ていたのです。ほどなく、別の人が書いた論文が発表され、再現実験や理論形成が進んで、のちに定義そのものが変更されるに至りました。教員はそのことをとても悔やんでいたと、研究室の卒業生たちは言います。当該学生の輝かしい業績やキャリアの芽を潰してしまったという思いだったのかもしれません。

　それ以来、その教員の口癖は「見たものすべて宝物だと思え」となったそうです。生データに立ち返って学生と一緒に真摯に考察を進めるという姿勢をより強く感じた人もいたようです。償いの気持ちで研究指導に向き合っていたのでしょうか。定義まで変えた研究成果にはのちにノーベル賞が贈られましたが、教員はすでに他界してそのニュースに触れることはありませんでした。

2　研究指導のスタイル

2.1　研究室とゼミ

　学生は、「○○研究室」ないしは「○○ゼミ」と呼ばれる集団に属し、一定期間にわたって教員から研究指導を受けます。いずれも○○の部分には教員名や専門分野名が付されることが通例です。

　総じていえば、「ゼミ」は授業の一環としての演習や文献講読、もしくは演習室などの特定の場所で行われる集団指導のことを指すのに対し、「研究室」と呼ぶ場合には学生が研究をするための共同の居室空間、もしくはそこに所属する人々の組織を指します。一般に、人文社会科学系では「ゼミ」に、自然科学系では「研究室」に所属するというイメージで受け止められがちですが、実際には、研究分野だけでなく大学によるちがいもあるので、一概にはいえません。

本書では誤解を避けるために、以下、学生の所属組織としては「研究室」と総称し、「ゼミ」は授業の一環としての演習の意味に限定して用います。

2.2 チーム研究型と個人研究型

研究指導のスタイルは、学問分野、集団規模、研究手法などによって大きく異なりますし、研究指導に携わる教員と学生の個性によっても変化します。そのなかでも、チーム研究型か個人研究型かによって、研究指導のあり方は大きく変わります。

チーム研究型は、実験系やフィールド系の自然科学分野によくみられる手法です。上級生が下級生を指導しながら共同研究する場合もあれば、同級生同士でチームを組んで、卒業論文に至るまで共同で作成する場合もあります。この場合、学生が取り組む研究テーマは、実験装置および予算による制約や、教員の研究テーマから影響を受けやすいという特徴があります。チーム研究型においては、チームの目標やルールを明確にすること、さまざまなミーティングの機会を有効活用することが大切です。研究室リーダーを決めておくことはもちろんのこと、多人数の場合にはサブチームをつくり、サブリーダー間の情報共有を密にする工夫が求められます。

チーム研究型の場合、教員は個々の学生の貢献度を適切に把握することが必要です。たとえば卒論の評価項目として、学生がチームにおける自分の役割を認識し、どの程度チームに貢献したかという観点が必要になるでしょう。いわゆるフリーライダーの発生を未然に防ぐために、学生の日常的な貢献度を教員が把握していると思わせることが重要です。

個人研究型は、多くの人文・社会科学系にみられ、また自然科学系でも数学や理論系の研究などは該当する場合があります。個人研究型においては、個人作業に没頭しがちなため、他者との交流を促し、学生の視野を広げるようなしかけを施す必要があります。個人研究型では時間管理や進捗管理を個々の学生の自主性に委ねることが多いため、モチベーションの低下や健康上の問題に気づくのが遅れてしまう恐れがあります。定期的なミーティングの場面で進捗状況を報告させるとよいでしょう。

2.3 教員の指導体制

研究室における教員の体制によっても、研究指導のスタイルにちがいが生まれます。教員の研究関心や指導経験、所属する学科・専攻のしくみや方針などによって、具体的な状況は変わります。大別すると、図2に示す三つ

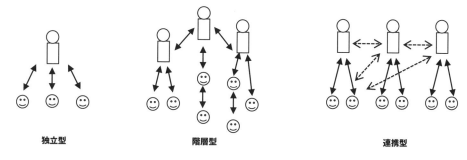

独立型　　　　　　　階層型　　　　　　　連携型

図2　研究室内における指導体制の類型
実線の矢印は指導関係、破線は連携・支援関係を示す。破線については一部省略している。

の体制があります。

　独立型は、教員1人ずつが独自の研究領域をもち、他の教員とは独立して研究指導を行うスタイルです。学生は特定の教員から指導を受けます。個人研究が中心の場合は、この型になることが多いようですが、必須ではありません。

　階層型では、一教員（多くの場合、教授）の指揮のもとに、他の教員（准教授や助教など）がサブグループを構成しています。学生は直属の教員から日々の指導を受けますが、全体で集まる機会が恒常的にあるなど、研究室内の結びつきが比較的強いタイプです。

　連携型は、教員同士が緩く連携している状態です。教員間で設備などが共有されていて、その使用に関する指導や維持管理が共同で行われたり、学生の居室が一緒だったりします。研究指導は直属の教員が中心であるものの、時には合同で指導をしたり、全体でのイベントがあったりと、緩やかな関係が学生間にもみられます。

2.4　講座制・学科目制・複数指導教員制

　研究指導のスタイルは、研究室の内部にとどまらず、教員組織のあり方にも関わります。旧制大学の時代には、学科よりもさらに細分化された専門分野ごとに講座を設け、各講座に教授、助教授（当時）、助手（当時）を配置する方式をとっていました。

　第2次大戦ののち、新制大学の教員組織として「学科目制」が規定されました。「学科目制」とは、教育上必要な「学科目」を定め、これを担当する教員を任意に配置する方式です。この場合、卒業論文執筆やそのための研究

は、それぞれの教員が担当する科目として提供されます。さらに、「講座制」の閉鎖性や硬直性が問題視されるなかで、旧来の講座を複数統合した「大講座制」も生まれました(旧来のものは「小講座制」と呼称して区別されるようになりました)。一つの講座の教員数が多く、カバーする研究領域も広くなりました。

　現在の日本の大学では、学科目制、大講座制、旧来の小講座制が混在した状態にあります。さらに、組織上は大講座となっていても、実際には小講座単位で研究活動が行われ、研究指導体制が組まれていることも珍しくありません。

　また、近年になって複数指導教員制を取り入れる事例も出てきています。この制度では、従来の研究室の枠を超えて、複数の教員が学生ごとにチームを組んで研究指導にあたります。教員側を主指導教員と副指導教員に区分し、それぞれの役割を規定する大学もあります。複数の教員が研究指導を受け持つことによって、研究対象に精通する教員と研究手法に精通する教員の間で役割分担が可能となる、人間関係のトラブルを回避しやすくなるなど、複眼的な指導効果が期待されています。

第2部

研究指導の指針と方法を理解する

3章

研究計画を立案させる

1 研究テーマの見通しを立てさせる

1.1 学問分野の特性を理解する

　研究テーマを決める際に、学生の関心や自主性に任せるのか、それとも教員が大きく介入するのかは、学問分野の特性、学生の個性や能力、学生が希望する進路、教員の指導スタイルなどが大きく左右します。研究テーマとは、卒業論文の題目となりうるもので、何を明らかにしたいのかを限定的に明示したものです。

　卒業論文の場合、学生の専門知識や社会経験が十分ではないことが多いので、研究テーマの選定を学生に完全に任せるのは難しいでしょう。一方で、教員が推薦した研究テーマを無理強いすることも望ましくありません。指導教員は個別面談を通して学生本人の希望を尊重しつつも、テーマを修正するように指導することもあるでしょう。

　どちらかといえば、人文・社会科学系の分野では学生の自主性に任せる度合いが大きいのに対し、自然科学系の分野では研究室単位で一定の研究課題の候補が用意されているケースが多くみられます。いわゆる文系・理系のちがいだけでなく、理論系か実験系かという特性によるちがいもみられます。研究内容が特定の実験装置などに大きく依存する分野、あるいはグループ単位で研究テーマに取り組む分野では、学生が研究テーマを自分で選択できる余地は相対的には小さくなります。これに対して、実験装置に依存せず、個人単位で研究することが可能な分野では、文系・理系によらず、個人が研究テーマを選択できる余地は大きくなる傾向があります。

　また、学士課程においては、研究室に属さない場合、研究室に属して研究活動を行うが、卒業論文の提出は義務づけられていない場合など、さまざ

までです。同一大学のなかでも学部・学科によって異なることがあります。本章では、研究室に属して研究活動を行い、卒業論文を作成する学生に対して、どのように研究を立案させるかについて説明します。

1.2　学生主導か、教員主導かを決める

　表4は研究テーマの選定や論文の作成に関する11の項目について、指導教員と学生の役割認識を示したものです。指導教員が学生の研究活動にどこまで介入すべきと認識しているのかを確認しましょう。左の欄は、学生の研究に対して指導教員が大きな責任を有し、それを果たすために学生の研究に適宜介入するのが望ましいという考え方です。右の欄は、学生の自主性を尊重して、教員の介入は最小限に抑えるべきであるとする考え方です。その意味において、左端の1と右端の5の考え方は対照をなしています。実際の研究指導において教員と学生との間でトラブルが起こる場合、両者のこの認識がずれていることが多いといえます。個別面談などを通して相互の認識を近づける努力が必要でしょう。

1.3　やりたいことを問う

　研究テーマを決める際に必要なのは、やりたいこと、やる価値のあること、やれることのバランスをとることです(図3)。多くの学生は研究室を選択する際に、漠然とした問題関心を抱いています。これを言語化したものが「やりたいこと」です。まずはこの「やりたいこと」を学生に自分の言葉

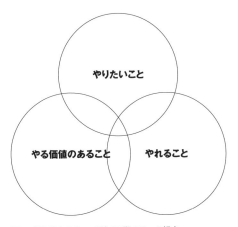

図3　学位論文のテーマを決める際の三つの視点

表4　論文作成プロセスにおける指導教員と学生の役割に関する認識

項目		評価尺度	
1	有望なテーマを選ぶのは指導教員の責任である	1 2 3 4 5 ←→	有望なテーマを選ぶのは学生の責任である
2	最も適切な理論枠組みを決めるのは、最終的には指導教員である	1 2 3 4 5 ←→	たとえ指導教員と摩擦が生じても、理論枠組みは学生自身が決めるべきである
3	指導教員は適切な研究・学習プログラムの開発において、学生を導く役割を担う	1 2 3 4 5 ←→	指導教員は学生がアイデアを考えるうえで、主として反響板としての役割を担い、助言を行う
4	指導教員と学生が個人的に親しい関係を築くことは研究指導の成功に欠かせない	1 2 3 4 5 ←→	指導教員と学生の関係は研究上の内容に限定すべきで、個人的な問題を差し挟むべきではない
5	指導教員は学生と頻繁に会うようにするべきである	1 2 3 4 5 ←→	指導教員がいつ学生と会うかは学生の都合による
6	指導教員は学生がどんな問題を抱えているのかをつねに知っておくべきである	1 2 3 4 5 ←→	学生には自由に研究を進める機会を提供すべきであり、時間の使い方を指導教員に説明する必要はない
7	指導教員は、たとえ論文に問題があっても、最終的に論文を提出するまで学生を支援すべきである	1 2 3 4 5 ←→	学生が無理な研究計画を立てているとわかった場合、指導教員を降りること ができる
8	指導教員は論文を最短期間で仕上げるように指導すべきである	1 2 3 4 5 ←→	学生が着実に研究を続けているなら、必要なだけ時間を費やしてもよい
9	指導教員は論文の水準について直接的な責任を負っている	1 2 3 4 5 ←→	指導教員は助言を行うだけで、論文の内容、形式、水準に関しては、すべて学生に委ねる
10	論文を評価するためには、指導教員は論文のあらゆる部分の草稿に目を通す必要がある	1 2 3 4 5 ←→	指導教員は、学生に求められた場合にのみ批評を行う
11	指導教員は、学生が困難な状況にある場合は、実際に論文を書くのを手伝うべきである	1 2 3 4 5 ←→	指導教員は学生の論文作成に深入りすることに慎重であるべきである

左右2種類の説明を読んでください。それぞれは、指導教員が選択する考え方を示しています。どちらの側にも全面的に賛成できない場合があると思いますので、自分の立場を判断して、5段階の評価尺度のどれかに印を付けてください。たとえば、項目1：研究テーマを指導教員が選ぶべきだと強く思う場合は、尺度1に〇を付けてください。

出所　ジェームスほか（2008）、pp.18-19を参考に作成。原典はMoses（1985）

で表現させてみましょう。

　ただし、「○○の研究をやりたい」という表現では、研究にはなりません。たとえば、人工知能の研究をやりたい、アマゾンの生態系についての研究をやりたい、平安時代の家族問題の研究をやりたいといっても、それらは研究したい対象を漠然と表しているだけです。その題材において何を明らかにしたいのかを学生に表現させることが大事です。たとえば、「人工知能における感情表現の可能性と限界」、「アマゾンの生態系の変化が流域の人々の生活に与える影響」、「平安時代の家族形態は現代日本の家族形態とどのように異なるのか」という具合です。実現可能性はともかく、ここまでの段階であれば学士課程の学生にも、一定程度は表現することができるでしょう。

「なぜ」「なぜ」「なぜ」と繰り返す

事例　筆者は神戸大学の国際協力研究科という大学院で、教育協力論講座の研究室を担当しています。ゼミの時間では学生が自分の希望する研究テーマを提案する際に、「なぜ」「なぜ」「なぜ」と問いかけて、学生をわざと混乱させるようにしています。学生にとって筆者は悪魔のような存在に映るかもしれません。この問いかけに答えようとするプロセスのなかで、学生は漠然とした問題意識が自分のなかでどのように生成されたのかを、否が応でも自覚させられます。たとえば次のような問いかけをします。

・なぜその話題に関心を抱いたのか
・なぜその地域に関心を抱いたのか
・なぜその先行研究や理論モデルに関心を抱いたのか
・なぜその集団を調査対象とするのか
・なぜその調査方法をとるのか
・その研究をすることが、なぜ自分のキャリアにとって有意義であると思うのか

　この問いかけによって、学生は自分のなかでうまく言語化できない部分がどこかを少しずつ意識化できるようになります。

1.4 価値があるかを問う

　次にすべきことは、「やる価値があるかどうか」ということです。学生から見て、「やりたい」「やれる」と思う研究テーマであっても、専門家である指導教員から見れば、学会で議論され尽くしたテーマかもしれません。

　ただし卒業論文の段階であれば、学術的な見地からはすでに決着している課題、結論がわかっている課題であったとしても、学生にチャレンジさせてみることも一つの選択肢でしょう。必ずしも研究者をめざすわけではない学生にとっては、学術的に貢献できるかどうかは大きな問題ではありません。その研究テーマが学会でどこまで専門的に議論されてきたかという経緯よりも、自分が関心を抱いた研究テーマに学生時代に一生懸命取り組んだという経験そのものが、学生を大きく成長させる可能性もあるからです。ただし、このことは学部や学科のカリキュラムにおいて卒業論文がどのように位置づけられているか、学生が大学院に進学を希望するかどうかによります。

　意義のある研究テーマかどうかを確かめるには、学生自身に先行研究について調べさせ、何がどこまでわかっており、どんな課題が残されているのかを整理させるとよいでしょう。すでに調べ尽くされている研究テーマならば、今さら大学生が取り上げても新鮮な切り口を見つけるのは難しいかもしれません。まったく手つかずの研究テーマは、誰も手をつけてこなかった理由があるのかもしれません。卒業論文のレベルで望ましいのは、ある程度の先行研究の蓄積があり、同時にまだ検討する余地が十分に残っている課題といえるでしょう。

　また、研究テーマを設定する際は、できるだけ前向きな、肯定的な目標を立てさせることが望ましいでしょう。「○○の問題点を明らかにする」「○○がダメな理由を明らかにする」という研究もありえますが、否定する理由を探す研究では、論文全体のトーンがネガティブになりやすいという問題があります。できれば、「○○の可能性を探る」「○○の改善のための提言を行う」といった、研究する過程で気持ちがワクワクしてくるようなテーマ設定をする方が、学生の意欲は長続きすることでしょう。

1.5 やれるかどうかを問う

　「やりたいこと」と「やる価値があるかどうか」の見通しが立ったら、最後に指導教員の立場からその研究テーマの実現可能性を十分に見極めましょう。つまり、「やれるかどうか」という視点で考えます。

　学生が学位論文を書くうえではさまざまな制約があります。最大の制約は時間です。卒業論文の場合は、4年次の年度はじめに研究テーマを決めるとしても、せいぜい9ヶ月程度の間に書き上げなければなりません。しかも就職活動と同時並行して実験や調査を進める必要があります。学生が考える以上に、実際に研究に費やすことのできる時間は限られています。また、多くの学生にとって人生で初めての本格的な研究活動なので、なかなか計画どおりには進まないでしょう。

　さらに、研究活動にはさまざまな能力、つまり基礎知識やスキルも同時に必要となりますが、学生にはそれらを一つひとつ習得するだけの時間的余裕はないかもしれません。卒業論文の場合は、手持ちの知識やスキルの範囲内で、ある程度見通しの立つ研究テーマを考えざるをえません。実験や調査を行う場合は、それなりの費用もかかります。つまり、研究のために自分の時間、能力、資金をどのくらい投入できるのかを学生自身に予測させることが重要です。

　たとえば、アマゾン川流域の生態系について卒業論文を書こうとしても、現地に行って調査することは、時間的にも、経済的にも、能力的にも（たとえば語学力）、大学生にとっては容易なことではありません。指導教員はこれまでの経験から、学位論文の規模や目標設定はどの程度が適切なのかについて、一定の見通しをもっていることでしょう。その見通しと眼前の学生の能力・適性を照らし合わせて、学生が提案する研究テーマの実現可能性を判断しましょう。もし研究テーマの規模が大きすぎる場合、目標が高すぎる場合は、妥当なものに設定し直すことが必要かもしれません。

2　実現可能な工程を考えさせる

2.1　書く前にやるべきことを理解させる

　研究テーマが決まり、先行研究を整理できれば、すぐに研究を始められるわけではありません。その前に準備すべき工程がいくつかあります。

　まずは、研究を行ううえで必要なスキルを把握する必要があります。実験を行うためにはあらかじめ実験装置の操作方法に習熟する必要があります。社会調査を行うには質問紙調査や面接調査、あるいはフィールドワークなどの技法を身につけなければなりません。外国語（特に英語）で書かれた文献を読むには、重要な専門用語を外国語で理解する力が不可欠で

す。外国で調査を行う場合も同様でしょう。調査結果を分析する際には、何らかの統計スキルが必要になるかもしれません。目的によって必要な統計スキルは異なりますので、どのような分析を行うのかを事前に想定しておく必要があります。これらの結果をまとめて、読み手にわかるように文章を書くためには、論理的思考力や批判的思考力、構成力が欠かせません。

　次に、実際に実験や調査を計画し、実施して、記録をつけるという一連の行動が必要です。実験や調査では記録を克明かつ正確に残すことが求められます。実験結果は必ずしも想定どおりにはなりませんし、社会調査が理想的な状態で実施できることはまれです。制御できない偶発的なミスが起きることもあります。実験や調査は計画どおりにいかないことが多いということをあらかじめ学生に伝えましょう。だからこそ、なぜ想定どおりにならなかったのかを振り返るうえでも、記録を残すことが重要なのです。

　これらの準備工程を学生が最初から自力で行うのは難しいでしょう。多くの学生は自分の研究にどんなスキルが必要なのか、どんな実験や調査が適切なのか、容易に見当がつきません。こういう場合は、第2章で説明した認知的徒弟制の考え方が有効です。まずは教員が手本を示し、学生にそれをよく観察させ、やり方を説明し、初歩的なところから学生に少しずつやらせてみて、次第に難易度の高い段階にもっていくように支援しましょう。

2.2　研究に必要な工程を図式化させる

　論文を書く段階までに至るこうした工程を図式化したのが図4です。図の上部に研究テーマがあります。その下に検討項目の欄があり、横軸には左から右に、研究テーマ選定→先行研究の整理→仮説・方法論の検討→研究スキルの習得→調査の計画・実施そして分析→本文執筆→修正・構成・編集という順に研究活動の工程が配列されています。検討項目の内容や配列は学問分野、研究テーマ、学生の志向性によって異なります。実験や調査の設計にはかなりの時間と労力を要します。実験であれば対照群の設定、調査であればサンプリングなどの準備作業が必要となります。この作業は単線的に進行するわけではなく、研究の進捗状況に合わせて随時往復することになるでしょう。

　縦軸は時間の経過を表します。図4の場合は卒業論文作成のケースですので、3年次から研究室に所属すると仮定して、おおよそ3年次前期、3年次後期、4年次前期、4年次後期という四つの時期に区分しました。理系の

氏名：

題目：日本の学校教員の多忙化をもたらす要因
副題：部活動指導の必要性に関する再検証

大学生活のイベント	検討項目	研究テーマの選定	先行研究の整理	仮説・方法論の検討	研究スキルの習得	調査の計画・実施	本文執筆	修正・校正・編集
	基本方針	・キーワードは「学校教員」「生徒指導」「部活動」・日本の学校教育現場の抱える課題を明らかにする	・教師教育学における先行研究の到達点と残された課題を明らかにする・卒論のモデルとなる論文を見つける	・学校教員の多忙化に関する通説を確認し、逆説的な仮説を立てる・面接調査の方法論を習得する	・論文を読み解くスキル・面接調査のスキル・論文を論理的に書くスキル	・○○県の中学校教員20人への面接調査を行う	・4年の夏までに序章を書く。次に本論を書き、最後にまとめの章と参考文献を作成する	・執筆を開始したら、同時並行的に修正や校正を行う
部活動の試合	実行計画3年4～9月	・学校教員の日常生活について、母校の中学校・高校の恩師に尋ねる	・教師教育学における学会誌論文や専門文献を読み、その特徴をまとめる・英語の論文にも挑戦する	・先行研究においてよく用いられる通説や研究方法論、モデル等を確認する	・論文を速く読んで、要点をつかみ、記録に残すトレーニングを行う			
就活準備	実行計画3年10～3月	・学校教員がどのような課題を抱えているかを調べる。多忙化の要因を探る	・学会誌論文や専門文献の到達点と残された課題を明らかにする	・先行研究の通説を理解した上で、逆説的な仮説を立ててみる	・面接調査の基本スキルを学ぶ・学術論文の書き方に関するセミナーに参加する	・面接調査の計画を立てて、調査票を作成する・予備調査を行う		
就活本番	実行計画4年4～7月	・連休前にテーマを決定	・先行研究のなかで、自分の卒論のモデルになりそうな研究を見つける	・仮説を証明するためにはどのような調査データが必要かを検討する		・面接調査を実施する。調査依頼を行い、調査を実施。得られたデータを集計・分析し、ゼミで発表する	・執筆スケジュール作成する・夏までに序章を書き上げて、個別面談を受ける	・友人や先生に相談して、全体の章構成を見直す
卒論に集中	実行計画4年8～1月					・面接調査の集計・分析結果から得られた結論を卒論に書き込む	・本論、まとめ、参考文献の順に作成・秋のうちに途中経過をゼミ発表する	・ワードの校正機能を使って書いた原稿を推敲する・全体の論理性を重視する

図4　卒業論文作成の工程表の例

　研究室の場合は、4年次に所属先が決まる場合が多いので、その場合は4年次1年間の実行計画を立てることになります。それぞれの時期に何を重点的に進めるべきかを実行計画の各マスに書き込むようになっています。
　一番左側の欄は「大学生活のイベント」について予測するためのものです。学生にも個々の日常生活があり、アルバイト、サークル活動、就職活動など、研究以外にも時間や労力を割かなければならない事情があることでしょう。これらのイベントをあらかじめ学生に想定させることで、研究活

動にどれだけの時間と労力を投入できるかを予測させましょう。「やれること」について、学生自身で見通しが立てられるようにするためです。

2.3 工程表を作る意味を伝える

このような工程表は、学生に次のようなメッセージを伝えることを意図しています。卒業論文を作成する期間は限られているので、タイムマネジメントを最適化する必要があること、論文を書くためには研究テーマに関する専門知識だけではなく、さまざまなスキルを必要とすること、それらのスキルをどの時期にどの順序で習得すべきかを考える必要があること、などです。つまり、書き始める前になすべきことがたくさんあるということ、実現可能性の低いことは諦めて、自分に向いていること、可能性の高いことに時間と労力を集中することの重要性を学生に伝えなければなりません。

こうした工程表を個々の学生に作成させることは、事前に全体像を見通すことの重要性を伝えることになります。多くの学生は研究計画書（研究の目的、方法、予想される結果など）を作成すれば論文を書くことができると思うかもしれませんが、それでは不十分です。研究の実行に必要な要素がリストアップされておらず、それらの優先順位が不明確だからです。建築に例えるならば、その段階は設計図を描いたにすぎません。実際には、どの作業をどのような手順で進めるかという工程表も必要です。

3 工程を修正する

3.1 研究内容を見直す

実際の研究活動は必ずしも工程どおりには進みませんので、現実の状況に合わせて適宜修正をすることが必要になります。修正には大きく分けて、研究内容（何をやるのか）の修正と研究方法（どのようにやるのか）の修正があります。

研究内容を修正する場合に最も重要なのは、研究テーマの見直しです。前掲の図4を当てはめて考えれば、研究テーマを全面的に見直すのは、実行可能性に問題がある場合か、研究する価値をうまく説明できない場合ということになります。その際は、①学生がやりたいことをできるだけ尊重する（学生が関心のないテーマを押しつけてもうまくいかない）、②研究テーマの見

直しはできるだけ早期に行う（見直す時期が遅いと間に合わない）、③新しい研究テーマに基づいて工程の見直しをさせる（どんな手順が必要かを学生に認識させる）ことが必要です。

　研究テーマの全面的な見直しではなく、部分的な修正を図る場合は、より焦点化・具体化する方向と、反対に、より一般化・普遍化する方向、あるいは研究の焦点をずらす方法があります。学生の研究テーマが漠然としている場合は、限られた時間内で仕上げられるように、テーマをより焦点化・具体化する必要があります。反対に、学生の研究テーマが個別的すぎて、その学問的な意味づけや解釈が不十分な場合は、研究テーマより一般化して俯瞰することが重要になります。研究の焦点が本質からずれている場合には、どのように、どのくらいずれているのかを確認し、本質に近づくように修正を図る必要があります。

　いずれの場合においても、学生が本来もっている研究関心をできるだけ活かす方向で修正を図ることが望ましいでしょう。教員から強制するかたちではなく、学生が本来やりたいことをより実現しやすいように軌道修正させましょう。

3.2　研究方法を見直す

　研究テーマは変えずに、方法や工程を見直すこともよくあります。研究方法を選択する際に最も重要なことは、研究目的を果たすうえで妥当かどうかという点です。指導教員から見て、目的と方法がかみ合っていない場合は、早めに学生に修正させましょう。

　実際の研究の工程は、研究テーマや学生の特性に応じて、さまざまな組み合わせや順序が考えられます。図4に示したような検討項目の配列は一例にすぎません。原理的にいえば、研究の工程は図4における左上から右下に向けて直線的に進行すると考えられます。しかし実際には、学生は迷路の中をさまようようにして研究を進めているので、行ったり戻ったり、一時的に停滞したり、退行しているように感じられることすらあります。

　こうした場合はまず、学生がどこの段階でつまずいているかをよく観察しましょう。締切まで時間的に余裕があるならば、指導教員としては学生の混乱状況に対して一喜一憂せずに、できるだけ辛抱強く待ちながら対応するのが望ましいでしょう。迷いつつ悩みつつでも、学生にプロジェクトをやり遂げる経験をさせることも重要だからです。時間が切迫している場合は、直接的な解決策よりもむしろ、突破口となるきっかけや問いを適宜

与えましょう。そして、できるだけ学生に自分で改善方法を考えさせることが重要です。

　また、学生には時間的に余裕のある工程を準備するように伝えましょう。具体的にいえば、論文題目の提出締切や論文の締切など、必要な事務手続きについて、時間的な余裕をもって対応するように学生に周知しましょう。こうした事務手続きも大事な工程の一つです。実際に卒業論文を書き上げるには、予想以上の労力と時間がかかるものです。また、学生は習慣的にさまざまな手続きを締切ぎりぎりに行うことがあります。締切ぎりぎりに行動する習慣をつけてしまうと、病気や事故などの不測の事態にうまく対応できず、リスクが大きくなります。

　反対に、余裕のありすぎるスケジュールを立てさせると、学生はのんびりかまえてしまうこともありますので要注意です。本質的に大事なことは、学生に必要な時間量を予測する習慣をつけさせることです。この習慣は卒業して就職してからも、社会で生きていくうえで重要であることを学生に伝えましょう。

4章

探求的思考を促す

1 発問を研究指導に取り入れる

1.1 発問によって研究動機を確認する

　卒業論文を作成する際には、学生はふだんの授業を受講する際とは比較にならないくらい深い思考を必要とします。深い思考とは、多くの知識を身につけるだけでなく、それらを相互に関連づけ、論理的に組み立て、さまざまな角度から意味や理由を考える行為です。学生のこうした探求的思考・姿勢を促すことは指導教員の重要な役割の一つです。

　学生の深い思考を促すうえで有効なのが、教員からの発問です。授業で教員が行う発問は、特定の問題について学生に考えさせることがねらいであり、解答が用意されている場合も多くあります。これに対して、研究指導における発問の最終的な目標は、学生自身が自分の研究について問いを立てて、これを自分の言葉で説明できるようになることだといえるでしょう。

　研究指導における教員からの発問には、大きく分けて①キックオフ型発問、②拡散型発問、③収束型発問、④メタ認知型発問、の4種類があります。

　初対面のとき、あるいは最初の面談では、①キックオフ型発問が重要となります。その意図は、学生の特性や状況を把握することにあります。たとえば、次のような発問があります。

・なぜこの研究室を志望するのか
・これまでの大学生活において、どのような目的意識をもって学んできたのか
・何に研究関心があるのか、関心をもつに至った動機やきっかけは何か

・研究室において、どのような配慮を必要とするか

・研究室で学んだのち、どんな進路を希望するか

　こうした質問を通して、これまでどのような大学生活を過ごしてきたのか、これからどのように大学生活を締めくくりたいのかを学生に考えさせましょう。

1.2　アイデアを拡散させる発問

　②拡散型発問は、多様なアイデアを生み出し、幅広く多角的な観点から考えさせることを意図しています。このため、指導教員との個別面談よりも、研究の初期から中期に至る段階で、研究室の多様なメンバーと意見交換する際に大きな効果を期待できます。個別面談で拡散型の発問を行うとかなりの時間を費やすことになるので、学生が集まっているゼミなどの機会に行う方が効率的でしょう。

1.3　アイデアを収束させる発問

　学生と個別面談をする際に比較的適しているのは、③収束型発問、④メタ認知型発問といえます。③収束型発問とは、拡散したアイデアを整理・統合して、自分なりの結論に導いていくプロセスであり、④メタ認知型発問とは、研究にどんな意味や価値があるのかを振り返るプロセスです（ロスステインほか 2015）。これらは研究関心を内省し、その意味を探求していくプロセスなので、学生の関心が深まる研究活動の中期から後期における個別面談の場で用いると、より効果的でしょう。

　収束型発問の例としては、得られたデータを分類できるか、どのように構造化できるか、どんな因果関係が考えられるか、どんな共通点が存在するか、どんな順序性がみられるか、どんな効果を期待できるか、などが挙げられます。

　他方、メタ認知型の発問としては、研究内容にどのような学問的な意義や社会的意義があるのか、先行研究とどのような関係性があるのか、研究内容が自分の今後の人生にどうつながるのか、などが考えられます。こうした発問に学生がうまく答えられない場合は、一定の時間を与え、次回の個別面談の際に学生に説明させるとよいでしょう。個別面談や個別指導において、どのような問いかけが効果的かについては、8章で紹介します。

2　問いや仮説を立てさせる

2.1　自分の問いを展開させる

　ここでは、研究室で行う拡散型発問の方法について詳しく説明します。学生が自分のやりたい題材を見つけたら、ゼミの場を通じて、それを具体的な問いのかたち（リサーチクエスチョン）として表現させてみましょう。5W1H（Who、When、Where、What、Why、How）を使って、大きな研究テーマを細かなリサーチクエスチョンに展開することにより、論点が明確になり、研究の実現性や意義をつかみやすくなります（戸田山 2012）。たとえば次のようにリサーチクエスチョンを展開することができます。

研究テーマ例1：地球温暖化
・そもそも地球温暖化とはどのような意味か（意味）
・地球温暖化はなぜ発生したのか（理由）
・地球温暖化はどのようなメカニズムで進行しているのか（経緯）
・地球温暖化はいつから起きているのか（時間）
・地球の温暖化は本当に起きているのか（信憑性）
・地球温暖化の何が問題なのか（問題点）
・誰が地球温暖化を問題視しているのか（主体）
・地球温暖化にどのように対応すべきか（対応策）
・地球温暖化の影響は、国や地域によってどのように異なるのか（比較）

研究テーマ例2：ネットいじめ
・ネットいじめとは何か（意味）
・ネットいじめはなぜ起きているのか（理由）
・ネットいじめはどのように広がっているのか（経緯）
・ネットいじめはいつから始まったのか（時間）
・ネットいじめは本当に起きているのか（信憑性）
・ネットいじめの本質は何か（問題点）
・誰がネットいじめを問題視しているのか（主体）
・ネットいじめに対してどのように対応すべきか（対応策）
・ネットいじめの実態は国や地域によってどのように異なるのか（比較）
・ネットいじめと対面によるいじめのちがいは何か（比較）

学生がこうした問いの展開を苦手とする場合は、きっかけとなる問いを教員側から提供するとよいでしょう。一般に良い発問の条件は、論点が明快であること、知的好奇心が喚起されること、難易度はやや高めであること（難しすぎず、易しすぎず）、立場や解釈が適度に分かれることといわれています（野口2011、寺井ほか2015）。

2.2　仮説、論証方法、エビデンスを検討させる

　次に、これらのリサーチクエスチョンに対して、学生なりの仮説を考えさせます。仮説とはまだ論証・実証される前の研究者（学生自身）の見解です。「AがBになる要因はおそらく○○ではないか」という程度の見通しでかまいません。

　研究テーマ例1でいえば、地球温暖化は人類が排出する温室効果ガスの量が工業化や発展途上国の経済発展とともに劇的に増加したことが主要因であると語られてきました。しかし、真の要因は別にあるのかもしれません。たとえば、地球温暖化は何十億年にもわたって繰り返されてきた地球の気候変動によるのかもしれません。となると、地球の気候変動がこれまでどのように起きてきたのかを分析し、現代の温暖化現象がその一環であることを論証するためのエビデンス（根拠、証拠、論拠）が必要になるでしょう。

　研究テーマ例2でいえば、ネットいじめと対面いじめを比較すると、ネットいじめでは加害者の特定が難しいといわれてきました。ところが実際には、匿名型SNS（2ちゃんねるなど）が主流だった当時と比較すると、実名型SNS（LINEやフェイスブックなど）が普及した今日では、加害者側の匿名性は低くなっています。ネットいじめは対面いじめとは別種のものではなく、対面いじめの延長線上に存在するようになったといわれています。だとすれば、対面いじめにおける加害者と被害者のネット上での関係性を検証することが必要かもしれません。

　上の二つの研究テーマ例の論証プロセスをまとめると次のようになります。

事例1：地球温暖化

1. リサーチクエスチョン：地球温暖化の主要因は何か
2. 仮説：人為的な要因ではなく、地球の周期的な気候変動による
3. 論証方法：地球の気候変動がこれまでどのように起きてきたのかを

　　分析する
　4. エビデンス：過去の地球の気候変動のデータ

事例2：ネットいじめ
　1. リサーチクエスチョン：ネットいじめは対面いじめと何が異なるのか
　2. 仮説：実名型SNSが普及した今日では、ネットいじめにおける加害者の匿名性は低くなっており、対面いじめの関係性がそのままネットいじめに持ち込まれる傾向が大きくなりつつある
　3. 論証方法：対面いじめの当事者のネット上での関係性について検証する
　4. エビデンス：対面いじめ関係者のSNS利用率および利用内容

　卒業論文を書く段階をあえて単純化していうならば、研究テーマや題材をもとにして、①具体的なリサーチクエスチョンを立て、②これに対する仮説を設定し、③それを論証するための方法を考えて、④論証に必要なエビデンスを提示することであると説明できます。実験や調査は何かを検証するための手段であって、それ自体が目的ではありません。①〜④のプロセスを通して、学生は自分が何を明らかにすべきかを具体的に把握できるようになります。
　こうした段階を大学生が自力でたどることは容易ではありません。前述したようなさまざまな発問を教員が行い、学生の発達段階に応じた適切な課題を与えることによって誘導することが、多くの場面において必要になります。課題は適度に難しく、その趣旨が明確であり、課題の成果に対してフィードバックを行い、誤りを修正する機会が保障されていることが、学生の成長にとって重要といえます（Ericsson et al. 1993）。

3　批判的思考の習慣をつけさせる

3.1　批判的思考とは何か
　ここで重要なことは、わかりきった仮説、当たり前すぎる仮説を立てないことです。たとえば、1 + 1 = 2であることは100%正しいですが、誰もが知っていることなので、わざわざ論証する必要はありません。かといって、いくら新しいことであっても、科学的に説明できないことは論文にはなりません。たとえば、魂が存在するかどうかは個人の主観に依存するの

で、科学的に証明することはできません。

　研究活動の目的は、現時点では自明になっていない事実を発見すること、あるいは自明になっていないが論理的に正しいことを証明することにあります。その基本姿勢は大学生の書く卒業論文であっても本質的には変わりません。研究活動の本質は、「新しくて正しい」（戸田山 2011、p.105）ことを論証することにあります。

　多くの大学生は、論証・実証する意義のある仮説を立てることを苦手としています。大学入学以前の学校では、教員や書物によって提供される知識は正しいという前提に立って学んできているからです。このことは日本人学生だけでなく、多くの外国人留学生にも当てはまります。意義のある仮説を立てるためには、みんなが当たり前だと思っていること、世間が常識だと思っていることを鵜呑みにせずに、偏見や先入観を自覚したうえで、そもそも本当に正しいのだろうかと自分なりに疑ってみることが前提となります。

　そのためには「批判的思考」（クリティカル・シンキング）の習慣を身につけることが重要となります。大学生は「批判的」という言葉にネガティブな印象をもっているかもしれません。ここでいう批判的思考とは、他者を批判することではなく、外部からもたらされる情報や知識や意見を自分でもう一度精査するという意味です。また、なぜその実験をやる必要があるのか、調査方法は研究目的に対して適切といえるのかなどを学生に尋ねてみましょう。

3.2　批判的思考の必要性を伝える

　かつては通説として流布していたけれども、現在では科学的に否定もしくは疑問視されている考え方としては、たとえば次のような例を挙げることができるでしょう。

　　かつての通説：太陽は地球の周りを回っている
　　現在の通説：地球が太陽の周りを回っている

　　かつての通説：運動中に水分補給をするのはよくない
　　現在の通説：運動中は十分な水分を補給するのが望ましい

　このように、科学や学問の進歩は通説転覆の歴史だとも表現できるで

しょう。大学で学ぶことは、これまでの思い込みや先入観、偏見から自分の思考を解き放つことでもあります。多くの大学生は批判的思考という概念に慣れていないかもしれませんが、研究室のなかで、この思考の重要性を教員が繰り返し学生に伝えることが求められます。

批判的思考は学問の世界だけでなく、市民社会で生活していくうえでも必要です。さまざまな主義主張に振り回されないようにするためです。同時に、自分自身の感覚にも引っ張られないように自戒する必要があります。五感からもたらされた情報に加えて、他者の意見と自分の意見をすりあわせ、より確からしい選択肢を探ることが社会生活を送るうえでも不可欠なのです。

卒業論文では、大学生に研究者並みの新しい学術的発見を期待するのは現実的ではありません。重要なのは、学生の実験や調査が成功したかどうか、大きな成果を得られたかどうかではありません。研究活動や科学の本質が何かについて学生に考えさせることなのです。それは既存の常識を疑ってみること、物事の本質に迫るにはどのような知識や論理や方法が必要なのかを考えさせることだといえるでしょう。

3.3　ユニークな仮説を立てさせる

しかしながら、当たり前でない（新しさにつながる）、かつ荒唐無稽でない（正しさにつながる）という両方の条件を満たす仮説を学生に考えさせることは、なかなか容易ではありません。正解のある教科書から学ぶことに慣れてきた多くの大学生は、専門の研究者である教員から見れば、ごく当たり前の、わかりきったような仮説や、少し調べれば答えがわかってしまうような仮説を立ててしまいがちです。そういうときは、「それって、ちょっと調べればすぐにわかるよね?」「イエス、ノーで答えられる問いではなく、HowやWhyで掘り下げられる問いを立ててみよう」とアドバイスしてはどうでしょうか。

各専門分野においてどのような仮説がユニークなのかについて、研究室全体で話し合う機会をもつとよいでしょう。たとえば、「高齢者のインターネット普及率は低い」という仮説の正しさは、統計を調べればすぐにわかります。しかし、「インターネットの普及によって、身体機能の衰えた高齢者でも自宅でビジネスやショッピングができるようになったので、インターネットが日常生活に及ぼしうる恩恵は、若者よりもむしろ高齢者の方が潜在的に大きいかもしれない」という仮説を立てれば、論証する社会的

意義を見いだせるでしょう。

3.4 予想どおりにならないことを楽しむ

　実験や調査は予想どおりの結果が出るとは限りません。たとえば、実験の測定結果が理論値のようにならないと学生は不安になることがあります。社会調査も同様で、学生は期待したとおりの結果を得られないと失敗してしまったと考えがちです。しかし、これらは実験や調査自体が誤りであったことを意味するわけでは必ずしもありません。失敗だと早合点して落ち込む必要はありません。もちろん研究目的や研究手法に問題がある場合もありますが、実験や調査はいわば「生もの」です。誤差や外れ値、あるいは予想もつかない結果が出るのは自然なことです。

　学生に深い思考を促すためには、予想どおりの結果が出ないことを、むしろ前向きに受け止めて、研究室全体でこれを楽しむ文化をつくりましょう。予想外の結果が出た場合は、なぜ誤差が出たのか、それは許容範囲内と考えてよいのか、手順を間違えたとしたらどこがいけなかったのか、なぜ想定外の結果が出たのか、他にどんな要因が考えられるかなどを学生によく考えさせることが大切です。当該学生だけでなく、研究室全体で問題点を共有して議論するとよいでしょう。教員にとっても、先入観にとらわれないことが重要だからです。

　研究も、仕事も、人生も、なかなか思いどおりに進まないからおもしろいのかもしれません。研究経験は大学生にとって辛抱強さや粘り強さを鍛えるよい機会になることでしょう。

5章

豊かな経験を与える

1 研究の世界に導く

　研究活動や研究室生活における経験の幅を広げることで、学生が研究指導を通じて学ぶ事柄に広がりや深みがもたらされます。そのためには、文献を批判的に読むことや実験をしてデータをまとめることなどの基本的な活動に加えて、研究のおもしろさや奥深さとその成り立ちを学生に実感させることが重要です。

1.1 研究のおもしろさを伝える

　学生が大学教員や研究者になるつもりがない場合、研究のおもしろさを体験できるのは、研究室がおそらく最後の機会です。社会における研究の大切さを伝えるだけでなく、研究活動自体を楽しむことの大切さやそれによって得られる豊かさを学生に伝えていきましょう。

　たとえば、教員自身の研究経験を伝えることは、研究活動に取り組む学生にとって貴重な経験になります。指導教員の学生時代の研究はどのようなものだったか、その後の研究をどのように進めてきたのか、どのように困難を乗り越えてきたのか、どのような研究指導を受けたのか、学会の仲間からどのような刺激を受けたのか、論文執筆や査読はどのように行われているかなど、話題は多岐にわたります。また、著名な研究者の自伝を読むこと、研究テーマに関する歴史を知ること、それらについて話し合うことなども有効な方法です。

　学生に進捗確認や助言をする際には、得られたデータに教員自身がわくわくしながら、学生と一緒に議論することを楽しむとよいでしょう。他の学生の研究活動を知る機会も、学生にとって貴重な経験となります。学科

内の他研究室や、共同研究先、同じ専門分野の他大学研究室などがどのような活動をしているかを紹介しましょう。他研究室と合同で研究会や報告会を開催してはどうでしょうか。その場合は、学生中心で運営し、教員の役割はコメンテーターなどにとどめると、なおよいでしょう。多様な研究室の運営スタイル、あるいは多様な個々の研究スタイルに触れることで、学生が自分の研究活動を客観的にとらえるきっかけとなります。

1.2　研究室の外に目を向けさせる

　学生が研究室外のさまざまな活動に参加することを奨励しましょう。研究室外のさまざまな活動の一例として、外部との共同研究があります。ここでいう外部とは、学内の他研究室、他大学、公的研究機関、企業、自治体、非営利法人などです。研究室の状況や研究テーマに応じて、適切なパートナーを選ぶことができます。共同研究に際してさまざまな決まりごとが存在すること、組織文化が互いに異なることを知ることは、学生にとって刺激となります。

　教員の現地調査（フィールドワーク）などに学生を同行させる方法もあります。天文学、林学、比較社会学、考古学など、現地調査が欠かせない分野は数多く存在します。大型加速器のような国内にわずかしかない装置を使用しに出かける機会もあるでしょう。このような経験は、特有の研究スキルを身につけられるだけでなく、現地の人々や先方のスタッフとの接し方について、指導教員や上級生を手本として学ぶ機会にもなります。さまざまなリスクを回避するために事前に準備することも、学生にとっては豊かな経験になります。

　指導教員の行う社会サービスに学生を参加させる方法もあります。たとえば週末に科学館で開催される科学実験教室などでは、講師を務める教員の研究室の学生たちが実験補助をしていることがよくあります。大学祭やオープンキャンパスで研究室見学のツアーコンダクターを担当する、公開講座でティーチング・アシスタント（TA）役をするなど、学生がそれまでに学んだことを活かして社会サービス活動を手伝える場面は多く存在します。これらの機会を通じて、学生は自分の専門分野が一般市民からどのようなイメージや期待をもたれているのかを肌で感じることができます。さらに、専門家である指導教員が与えられた状況に合わせてどのように振る舞い、どのような言葉を選ぶのかを知る経験にもなります。また、学生自身が子どもの頃に感じた素朴な疑問を取り戻すことで、研究を楽しむ気持

ちが強まることもあるでしょう。

学生も社会サービスの実践を──「宇宙100の謎」の挑戦

事例　科学コミュニケーション活動「宇宙100の謎」は、名古屋大学天体物理学研究室の学部生から教授までが総出で取り組んだプロジェクトでした（齋藤ほか 2009）。学生たちは、指導教員のもとで宇宙に関する質問を市民から集め、答えを作り、さらにその答えに対するコメントを市民から募りました。これらのやりとりは主にウェブサイトを通じて行われ、その管理運営も学生たちが担ったのです。

　関連イベントとして「宇宙100の謎大発表会」を開催し、海外で開かれた科学の祭典への出展を行いました。「宇宙100の謎大発表会」では、よくある質問やおもしろい質問を選び、教員による解説講演に加え、学生たちがポスター発表形式で来場者への説明を行いました。バルセロナやトリノの街中で行われた科学の祭典でも現地語と英語でポスターを展示し、さらに現地の人々からも謎を集めるなど、精力的な活動をしました。これらが一つの研究室内で実施されたため、教授の目が届きやすく、各自の研究や研究室全体の状況に合わせた活動の展開や人員配置がうまくなされてもいました。

　これらの質問・回答のうちベスト100からなる書籍が刊行されたのに続き、さらに突っ込んだ質問100についても回答を加えて刊行され、どちらもその後に文庫化されています。この書籍化のプロセスにも学生たちが関わりました。

　参加した学生たちへの聞き取り調査からは、このプロジェクトが、学生の科学コミュニケーションに対する意識向上、市民と研究者との視点の相違についての認識、専門家としての自覚や自立などを促すものであったことが確認されました。たとえば、「宇宙の色は何色ですか?」という質問を読み、とある学生は「とんでもない質問がきた」と思ったものの、念のために調べてみたら、このテーマに関する研究論文が見つかったそうです。身近なところに研究テーマはあり、疑問をもつことが大切だと思ったそうです。また別の学生は、自身の回答を教員が修正したものを通じて、質問者・読み手の夢を壊さないようなしかけや話の膨らませ方などを知ることができ、とても勉強になったと語ってくれました。

1.3 学会に参加させる

　研究の世界がどのように成り立っているのか、研究者や専門家などの専門家集団の中で何が起きているのかを垣間見せる機会をつくってみましょう。たとえば、指導教員が研究発表を行う学会の年次大会に学生を連れていくことができます。大学生には早いと思うかもしれませんが、自分の知識不足を実感するだけでも大きな学びとなるでしょう。質疑応答の光景からは、知識がどのように洗練されていくのかを学ぶことができます。また、司会の方法やプレゼンテーションスライドの作り方、多くの聴衆を相手にするときの話し方に学生が触れることは、卒論発表会の準備になります。休み時間や懇親会の機会に学生が研究者に話しかけることや他大学の学生と知り合うことも大きな刺激になるでしょう。

　学生の研究成果が優れている場合には、学会発表を勧めてみましょう。当初はひるんでいた学生も、いざ発表を終えれば「たいへんだったけど、やってよかった」という事例が多いものです。せっかくの機会なので、学生が楽しんで学会発表に向かえるような環境を整えましょう。

　学術論文における査読の意義やプロセスを学生に伝えるのも知の成り立ちを理解させるのに効果的です。教員や上級生が学会誌などに投稿するときは、その様子を学生にも見せてみましょう。引用などの書式が学術誌ごとに異なること、カバーレターの書き方、査読結果がいつ頃どのように戻ってくるのか、査読結果への返答と修正の仕方など、卒業論文を作成するうえで直接には関係しなくとも、間接的に参考になることがたくさんあります。著者として学生も名を連ねるのであれば、図表の作成や文献リストの完成などの比較的簡単な作業を分担してもらうとともに、論文著者の責務についても伝えることが大切です。

　学生を学内外の研究会や学会の運営に参加させる方法もあります。学会がどのように構成され、運営されているのか、学会の事務局はどのような役割を果たしているのか、学術誌の編集事務局では何が行われているのかを知ることができます。ただし、学生が学会などの運営に参加することがどれほどの作業量となるのか、謝金は支払われるのか、学生にとってどのような学習効果を期待できるのかについて、事前に学生と話し合う必要があります。

2　能力を自ら伸ばすように促す

　知識やスキルの陳腐化する速度が早まった現在、これまで以上に能力を自ら更新する重要性が高まっています。研究指導において学生に能力開発を促す場面では、自分で考え自ら取り組めるようになることを目標に据え、お膳立てをしすぎることなく支援を充実させてみましょう。

2.1　成長するイメージを描かせる

　研究活動や研究室生活を通じた能力開発の内容と方法について、学生自身に考えてもらう機会を設けるとよいでしょう。学生のなかにある「できることならこのくらいまででやってみたい、できるようになりたい」という思いを引き出して、言葉で表現させてみるのです。

　教員からは「目標のストレッチ」(松尾 2011、pp.167-171) を意識して、学生に言葉をかけましょう。「目標のストレッチ」とは、今のレベルでは難しいけれども、手を伸ばせば届くかもしれない目標を学生が立てられるように、側面から支援するという意味です。それには、成長のイメージをもたせる、教員が成長を期待していることを学生に言葉で伝えるなどの方法があります。上級生や卒業生が自身の研究活動や研究室生活、その後の社会生活について後輩に語る機会を設けてみましょう。これまでの学校生活などで感じてきた思いや将来のキャリア展望などの話題を出すのも有効です。

2.2　成長に必要な準備をさせる

　次に、学生自身が伸ばしたいと思っている能力について情報収集させましょう。大学の学生支援部署や学協会、関連企業では、さまざまなセミナーやイベントを開催しています。学部・学科の掲示板や、大学や学協会のホームページをチェックさせましょう。学生がチャレンジした内容については、成果を記録に残させる、教員と学生が一緒に確認する、研究室内で発表する機会をつくるなどするとよいでしょう。

　また、学生が研究室の垣根を超えた自主勉強会を企画することを推奨してみましょう。垣根を超えたグループでの学習は個人の成長に大きく寄与することが知られています(荒木 2007)。企画実施の一連の活動そのものが、学生にとって豊かな経験となります。

　インターンシップを希望する学生に対しては、何を得たいと思うのか、そのために事前にどんな準備をすべきかについて、学生に十分に考えさせ

ましょう。指導教員から問われることで、学生はインターンシップの経験を卒業論文執筆や研究室生活にどのようにフィードバックすればよいかを考えるようになるでしょう。

2.3　ロールモデルを見つけさせる

　研究室の卒業生とネットワークを築くことは、学生のキャリア形成の観点で有意義です。就職活動のこと、会社での研修、職場の人間関係、海外赴任などの仕事に関することから、家庭生活、健康維持、趣味に関することなど、在学生が知りたい話題は卒業論文作成や研究活動に限りません。卒業生のなかにロールモデルとなる人を見つける学生もいるでしょう。この卒業生ネットワークの最大の強みは、研究室を巣立ってからも利害を超えてつながりを持続できるという点です。このことは、在学生と卒業生の双方にとって大きな魅力となるでしょう。

　なお、在学時に卒業生にお世話になったという思いがあれば、卒業してからも研究室に顔を出すこと、在学生の面倒を見ることがごく自然にできるようになります。このような連鎖が生まれる研究室では、学生の学びの効果はより高まるでしょう。

卒業生からの贈りもの

事例　「うちの研究室では、卒業生がお中元やお歳暮を送ってくるんですよ。」……よく聞いてみれば、卒業生から研究室へのお届け物の話で、教員宛てではないとのことでした。しかもいつの間にか定着していた学生文化で、教員は一切口を出してこなかったそうです。卒業生たちも、卒業して2、3年後から発送しなくなる場合もあれば、10年以上継続する場合もあるなど、各自の気持ちや環境に応じて自由にしています。

　在学生たちは集まった菓子折でティーパーティーを開くなどして楽しみ、送ってくれた卒業生には色紙に一言ずつ寄せ書きをして郵送するのだそうです。この経験があるから、卒業後には贈りものをする側になろうと自然に思えるのでしょう。届いているのは単なる「もの」や知識だけではないことが感じられるエピソードです。

3　モチベーションの維持向上に取り組ませる

　長期にわたる研究指導では、紆余曲折のなかでモチベーションを維持することが課題となります。学生にとって、モチベーションの維持向上に自ら取り組んだ経験は、大学を卒業したのちの社会生活にも役立ちます。

3.1　学生に期待を寄せる

　学生のモチベーションを高めるうえでの第一歩は、教員が学生の研究活動に期待を寄せることです。動機づけに関する心理学研究の知見によれば、人間は相手からの期待や関心を敏感に察知し、それらに応えるような行動や結果を示すという実験結果があるからです。代表的なものに、1920〜30年代に工場で行われた実験結果に基づく「ホーソン効果」(メイヨー1967)、および1960年代に小学校で行われた実験結果に基づく「ピグマリオン効果」(Rosenthal et al. 2003)があります。

　研究指導の文脈に援用するならば、指導教員が学生の研究に期待をもち、励ましの言葉をかけたり進捗に関心を寄せたりすることによって、学生の意欲が高まり、そのことが研究成果や学生の成長に良い影響を与える可能性があるといえるでしょう。具体的には、次のような方法が考えられます(名古屋大学高等教育研究センター 2005)。

- ・成績優秀者に対する奨学金やコンテストなどを学生に紹介する
- ・発展的な内容の文献や課題を学生に紹介する
- ・大学院のゼミを見学する機会を与える
- ・廊下ですれちがったら挨拶に加えて一声かける
- ・学生の作業しているところへ顔を出す

3.2　研究に没頭し、楽しむ重要性を伝える

　次に、モチベーションが維持され、心身を最大限に働かせている状態の心地よさを学生に実感させましょう。活動を継続するためには、自分のエンジンをもつこと、すなわち内的な動機をもつことが必要だからです。

　ここでいう心地よい状態とは、目標が研ぎ澄まされ、活動に深く没入し、現在起きていることのみに集中できるようになっている状態、いわゆる「フロー」状態(チクセントミハイ 1996)です。これは、「困難ではあるが価値の

ある何か」に向けて、自発的に努力する過程で生じるものとされています。強制的に没頭させることはできないのであって、没頭できる環境を整えることが有効な支援となることがわかります。

人が創造性を発揮できるのは、そのこと自体に関心や満足、楽しさを見いだせるときだという指摘もあります（松尾 2011 など）。実際に学生を指導する教員によれば、研究が軌道に乗ってきて自分で結果を出せるようになると、研究がおもしろく感じられるようになり、さらに研究が進むのだそうです。学生が研究を楽しめるようになるきっかけをどのように演出するかが、指導教員にとっては腕の見せどころになります。

ゼミや研究室の価値は、どのくらい学生を研究活動に没頭させられるか、学生に研究を楽しませることができるかによって決まるといえるでしょう。教員や上級生が研究に没頭する姿を学生に見せることは、その価値を伝える一端になります。具体的には、次のような方法が考えられます。

・学生が一定期間集中できるような水準と分量の課題を与える
・最先端の優れた研究内容や研究者を紹介する
・教員が研究に没頭している姿を学生に見せる
・夢中で研究している学生に、そのおもしろさを他の学生にも紹介してもらう

3.3　研究室内で役割を与える

研究室という共同体を活用して学生の自己肯定感を高め、モチベーションの維持に結びつけることができます。共同体を維持するためにメンバーの一員として貢献できることがあるというメッセージを、学生に伝えましょう。

たとえば、一人ひとりの学生に研究室における役割を与えましょう。備品の整備補充をする備品係、図書や雑誌の整理と管理をする図書係、輪講のスケジュールや担当者を決め会場設営をする輪講係、歓送迎会や研究室旅行を手配するレクリエーション係、研究室のお茶代やイベント費用を集金管理する会計係などが考えられます。分担すべき項目を学生同士で考えさせる方法もあります。研究室の状況に応じて、役割を一定期間固定することも、当番制にすることもできます。不在時の助け合いや年度替わりの引き継ぎ、他の係との連携などから、学生はチームワークについて学びつつ、みんなで研究室を運営しているという実感を育てているのです。

　研究活動や研究室生活に必要な事柄について、学生同士が教え合うような機会をつくることもできるでしょう。たとえば、文献検索システムの使い方、統計ソフトの使い方、液体窒素の注文・受け取り・ボンベ返却までなど、研究分野によってさまざまな内容が考えられます。相手を変えながら、教える側と教わる側の両方の役割を経験することで、伝える技術や学ぶ姿勢も磨かれるので、一石二鳥です。

3.4　自己調整する方法を実践させる

　最終的には、モチベーションを自己調整する能力を学生が獲得できるかどうかが重要です。モチベーションの獲得やその維持をいつまでも他人に頼っていては自立といえないからです。

　モチベーションの源となる考え方には大きく三つの類型があります。悪い結果になることを回避したい「緊張系」、夢や希望を実現したい「希望系」、どうすれば自分のモチベーションが高まるかを調整できるようになりたい「持論系」です（金井 2006、pp. 60-90）。「緊張系」と「希望系」は、研究指導の文脈でいえば、「怠けていたら、卒業できない」「すばらしい研究成果を挙げて、社会に貢献したい」というように、結果や将来を考慮に入れます。他方「持論系」は、「どういう条件がそろえば力を発揮できるだろうか」「どうすれば好ましい状態を持続できるだろうか」というように、現在に注視します。

　「持論系」はノウハウを自ら編み出そうとする点でも際立っており、メタ認知を取り入れたものとなっています。「持論」(self-theory、自論と訳すこともある)をもつことこそが人の学習動機に影響を与えるという主張（Dweck 2000）もあるほどです。モチベーションを高めていく過程は、どのような目標設定をすればよいのか、どうすれば成績や能力が向上するのかなどについて、自分なりの考えを形成する過程でもあるのです。

　このことを研究指導に援用するならば、学生に自分なりの研究のリズムや調整方法などを工夫させ、最終的には自分を調整するノウハウを体得させることが望ましいといえます。研究上の最良の瞬間とは何かについて学生に考えさせることも、持論の形成に有効でしょう。指導教員の役割とは指導教員がいなくても学生が困らないようにすること、すなわち学生が自律的に学べるようにすることなのです。たとえば次のような方法を試してはどうでしょうか。

・教員が実践している体調管理やタイムマネジメントの方法について学生に語る
・学生各自のコンディションづくりについて意見交換する機会を設ける
・研究活動の楽しさについて学生同士で話し合う機会を設ける
・どういう状況のときに自分が失敗しやすいか、成功しやすいかを学生に考えさせる

6章

倫理的な姿勢を身につけさせる

1 研究者にならない人にも研究倫理教育は大切

1.1 公正な研究は公共心の育成につながる

　必ずしも研究者にならない学生に研究倫理の重要性を伝えることの意義は、大きく二つ挙げられます。一つは学術的成果の発表や利用といった知識の扱い方を身につけること、もう一つは社会生活におけるマナーや公共心を身につけ、その実践を研究室という小さな社会において積むことです。これらの重要性については、1章において述べたとおり、大学から知識基盤社会への接続という観点から説明できます。社会において知識の創造や活用を行っていくために必要となる考え方や振る舞い方を、研究室において実際に訓練しておくことが重要なのです。

　研究倫理とは、ねつ造や盗用などの研究不正を防止するだけではありません。現在、一般的な研究倫理教育の基底となっているのは研究公正（research integrity）という考え方で、研究者としてより望ましくあろうとする姿勢までをも含んでいます。具体的には、研究成果を正しく公表することはもとより、研究の諸過程におけるトラブルを予防し、研究成果が社会の幸福に寄与するにはどうしたらよいのか、社会のリスクを増大させることにならないかなどを扱います。研究倫理教育においては、専門家としての立場で社会といかに関わり、公正な社会の実現にどう貢献するのかという点が重視されるのです。

　学生に研究倫理教育を行って研究公正を理解してもらうことは、学生がこれから参入していく社会の状況について、事前に、かつ客観的に知る機会となります。学部学生への研究指導において高度な専門性までは要求しない場合でも、専門知が社会とどのようにつながっているのかという一端

を見せることはできます。研究室という小さな社会集団での生活経験も提供できます。社会へと巣立つにあたっての心構え、考え方、マナー、公共心の育成などに幅広く応用できることを意識しながら、研究倫理教育を取り入れることが大切です。

1.2 研究不正と社会不正の根は同じ

　研究公正の反対語である「研究不正」やこれに類する問題行為を予防することについても、社会における不正の芽を摘むという意義が指摘されています。研究における不正行為と社会における不正行為はどちらも、個人における誠実さや責任感の欠如、および競争心などがその根底にあるという考え方です（黒木 2016）。

　研究における不正の代表的な例としては、ねつ造、改ざん（偽造）、盗用（剽窃）があります。ねつ造や改ざんは「嘘はダメ」、盗用は「他者の功績を横取りしてはダメ」という社会一般のルールとそれぞれ類似しています。こうした研究不正に関しては、日本学術会議の声明（2013）および各大学や学協会が定める倫理綱領などが定めており、文部科学省によるガイドライン（2014）や日本学術振興会の研究倫理教育テキスト（2015）にも用いられています。しかし、研究費の不正使用や大学教員から学生に対するアカデミック・ハラスメントがたびたび報道されている現実もあります。

　一方、社会においても不正行為に関する報道は頻繁に行われており、その内容には研究不正に相通じるところが多く見受けられます。たとえば、不正会計、データねつ造、品質や工程の偽装、デザイン盗用などです。また、不適切な労務管理についての報道も、近年とみに目につくようになっています。

　不法行為や非倫理的行為と呼ばれるものは、研究活動においても社会活動においても慎むべきであることが明確です。不法行為とは、資金の不正受給や不正使用といった組織の規定によって禁じられた行為や、安全衛生、労働管理、安全保障貿易管理などの関連法規に背く行為のことです。法規のもとで責任を問われ、処罰対象となりえます。非倫理的行為とは、セクシュアルハラスメント、パワーハラスメントなどのハラスメント行為や、被験者の人権侵害などを指します。

　研究不正を予防するための基本的な指導を行うとともに、「これが一般社会だったら」と学生に考察させることが、社会不正防止への道筋を開くことになります。

1.3　専門職に求められる倫理やマナーを伝える

　研究公正をめざすことは、社会における専門職のあり方や、「企業の社会的責任」を追求するという考え方にもつながります。安全や環境への配慮や公共性への貢献といった研究活動に求められる要素は、専門職としての活動においても、また企業活動においても大切だからです。

　たとえば、エンジニアや会計士のような専門職は、独自の倫理を必要とします。専門職としての地位や名誉が保障されているのは、「専門的サービスによってクライアントや社会に対して望ましい影響があるように工夫します」、「悪い影響がないように注意します」という倫理的な責任を果たすことを、社会に対して約束しているからなのです。すべての専門職団体が倫理綱領を有しているわけではありませんが、専門的サービスをクライアントに提供するにあたっては基本的な倫理観が求められるでしょう。企業においても、自己の利益のみを追求して文化や環境を破壊することがないように、社会全体のシステムに配慮することが要求される時代になっています。

　こういった倫理観をもつことは、個々の活動におけるモチベーションや、専門職ないし企業人としての誇りをもつことと連関するものです。たとえば、技術者倫理の教科書には、「きまりを守る技術者」ではなく「誇り高い技術者」をめざしてほしいと述べられ（黒田ほか 2012, p. vii）、誇り高さを貫くことは「とんでもない自己犠牲を強いられること」ではなく「むしろやりがい・生きがいに通じる楽しいこと」（前掲書, p. 3）であると記されています。

　社会における専門的職業と結びつきにくい研究分野であっても、社会における倫理の効用について考えたり、他者と接する際のマナーを学んだりすることができます。たとえば、アポイントメントの取り方やお礼の仕方、依頼や報告の作法など、友人同士とは異なる人間関係のなかでの振る舞いを実地で訓練できます。また、研究分野によっては、社会における何らかの事象を研究対象とすることを通して、社会に対する見方、考え方を新たに獲得できる場合もあります。

1.4　研究指導において取り組むべき研究倫理教育

　研究指導では、知識を理解させるだけではなく、日々の研究活動の文脈のなかで学生が倫理的に振る舞えるようにすることが求められます。どうすることが理想か、何をしてはいけないかを知っているだけでは不十分で

あり、複雑な状況判断や、判断に従って行動するという決断、行動を成功させるだけの交渉力が伴わないと、倫理的行為が成就しないからです（Bebeau et al. 1995）。

　繰り返し述べているように、学生は研究室の日常生活や研究活動に参加し、研究室メンバーの姿勢や態度、文化に触れるうちに、研究倫理を含む種々の作法を学び、共同体の成員となっていきます。倫理は特定の共同体において共有される規範の体系であり、研究倫理は学術界が共有する規範体系といえます。共同体の一員となることと、共同体の倫理観を受容し、これを体現することとは表裏一体です。

　まずは、研究室における日々の活動において、研究不正の起こりにくい文化をつくることを心がけましょう。たとえば、所属大学が学生に提供している研究倫理教育の最新内容を把握し、その重要なメッセージを研究室に配属された学生に具体的かつ速やかに伝えましょう。現在の大学教育においては「学部段階からも、専攻分野の特性に応じて、学生が研究者倫理に関する基礎的素養を修得できるよう、研究倫理教育を受けることができるように配慮すること」（文部科学省 2014、p.8）が望ましいとされています（なお、大学院教育では研究倫理教育が義務となっています）。

2　研究の作法を教える

2.1　迷ったら早めに相談するように伝える

　学生が判断に迷う場合は、なるべく早めに指導教員に相談するように伝える必要があります。もちろん、ルール・マナーの説明や安全講習などは、学生が研究室に配属になったらすぐに実施したうえでのことです。

　学生が相談に来たら、教員は「一緒に考える」スタンスを崩さず、学生の思考を深める手助けをしましょう。実際の研究活動では白黒つけがたい状況が生まれ、基本的な作法では判断できないことがあります。これは、研究分野による研究慣行のちがいや、時代による研究活動のあり方の変化などに起因しています。その場合もできるだけ望ましい方向に近づける努力することが重要であるというメッセージを学生に発信しましょう。

　たとえば、他の学生と共同で行う実験と就職活動が重なってしまう場合、就職活動を優先すると他の学生に迷惑がかかってしまいます。とはいえ、学生の将来にとって就職活動は重要です。事前の連絡調整が欠かせな

いことを、学生が身をもって知る機会になります。また、奨学金を提供してくれた財団の記念行事に参加するように求められたものの、その日がたまたま研究室の合宿と重なってしまうこともあるかもしれません。優先順位の考え方や相手に失礼のないようにお断りする方法について、検討することになります。

　あるいは、共同研究先にとって不都合な実験結果が得られてしまい、これを先方にどのように報告したらよいか学生が迷うこともあります。実験結果は事実として、これを相手にきちんと納得してもらえるように説明をすることの重要性や、そのためのノウハウなどを学ぶことができます。学生から相談があれば、これをきっかけに学生の学びを深めることができるのです。

2.2　学生の進捗を随時確認する

　手順の説明をするだけでなく、教員や上級生が見本を適宜示し、学生が手順どおりに行っていることを繰り返し確認しましょう。たとえば、被験者保護の手続きや実験廃棄物の処理などは、ルールに従って当たり前にできるようにすることが不可欠です。上級生に下級生の研究内容を確認させるという方法もあります。学生が作法から逸脱しているときは、それがもたらす悪影響についても想像させるとよいでしょう。

　学生の進捗報告会では、報告内容を細かく追いかけ、全体で共有することが有効です（黒木 2016）。たとえば、先行文献への言及、データの取得条件、元データと分析方法、結果の表示方法など、確認すべき箇所は多くあります。たとえば、「○○さんの論文に用いられた定義は……」と学生が説明しているなら、その論文の書誌情報がレジュメに載せてあるかを、測定結果を示すグラフが出てきたら、測定条件や縦軸・横軸に単位などの必要な情報が漏れていないかを、それぞれ確認させます。分析の手法についても具体的に尋ねてみましょう。元データを学生と一緒に見ること、プログラムが正しく動作しているかを確認するためのデモ計算を要求することも、正しい研究作法を習得させるために必要な指導です。

2.3　共同体の一員としての誇りをもたせる

　先にも述べたとおり、専門職としての倫理の保持には、専門家としての誇りが必要です（黒田ほか 2012）。研究室に属する学生の場合、そのような意識は身近な指導教員や上級生の姿勢を見ることを通じて醸成されること

でしょう。教員自身が手本となるように振る舞うことの大切さがここにあります。

　学生にはマナーや常識を伝えたうえで、教員と学生という関係よりも、同じ共同体の一員同士として接することが望ましいでしょう。もちろん、学生はまだ専門家になったわけではありません。それでも共同体の一員として扱われることで、学生がその研究室に属していることを誇りに感じるようになります。

2.4　事例で説明する

　小さい事例やわかりやすい事例を取り上げて、学生が考える機会に結びつけてみましょう。もしもそのような事態になったらどうするかについて研究室内で意見を出し合い、認識をすり合わせておくのです。学生にとっては、正解が一つではないと知ることですら、貴重な学習機会になります。研究において何が「当たり前のこと」なのかは、ふだんは意識しづらいものです。問題があったときに初めて不正として顕在化するからです。単純な○×思考やマニュアル思考に陥らせず、さまざまな価値に照らし合わせて、よりよい解を導く習慣をつけさせましょう。

　たとえば、「利益相反」(全米科学アカデミー 2010, pp. 73-80) という言葉を知らなくても、研究資金源の企業に都合のよいようにデータを改ざんしてはいけないということは、学生にも理解できるでしょう。ここからさらに、もし学生自身がその企業の社員だったなら、あるいはその企業が顧客ならば、適切な行動をとることができるだろうかと問うてみることができます。

3　学生の誤解を解く

　研究倫理や公正研究の授業やセミナーの担当経験から、現代の大学生にみられるいくつかの傾向が指摘されています (齋藤ほか 2015)。学生がどのような誤解をしやすいのか、それについて指導教員がどのように対応すべきかを紹介します。

3.1　情報を鵜呑みにさせない

　事件報道を主要な情報源として、研究不正についての予備知識をそれなりにもつ学生が増えています。この場合、報道を受けたネット上の書き

込みなどにも感化されて、知識や情報が偏る恐れがあります。たとえば、STAP細胞事件（黒木2016など）以降の顕著な傾向として、学生たちの実験ノートに関する知識が増えました。「日付がない」「書き込み不足」「後から読んでもわからない」といったことが「許されない」という知識です。そのこと自体は間違っていないのですが、教員が留意すべきは、学生の知識がマスメディアやネット上で確認できる情報に限定され、またその背後にある価値観に影響されやすいという点です。

　研究不正については、原則や基本ルールを正確に伝えることとともに、不正事件についての噂や情報を鵜呑みにしないことも教える必要があります。さまざまな角度からの検証を経て事実関係が特定されることを伝えましょう。さらに、自分自身の身の守り方、すなわち、研究ノートの記録と保存の方法、先行文献の管理、オリジナルデータの保管方法などを伝えていくことが肝要です。

3.2　見て見ぬ振りを許さない

　研究倫理にもとる何らかの行為があると気づいたときには、「ホイッスルブローイング」が必要です（全米科学アカデミー2010）。「ホイッスルブローイング」とは、「警笛を吹く」という比喩で、指摘する行為を表現したものです。ここには、見て見ぬ振りはしないというメッセージが込められています。ホイッスルブローイングは、個別大学や文部科学省のガイドラインにおいても研究者の責務とされるなど、研究活動の公正さを支えるうえで重要な行為とみなされています。

　学生が研究活動のなかで他者あるいは自身の問題行為に直面するとき、それに対して行動を起こすことはまれで、多くの場合は黙認しています。たとえば「研究室で研究に関係のないネット動画を見ている」「白衣を着ないで実験する」「イヤホンをつけながら実験する」「廃液をきちんと処理しない」などを見かけた場合です（齋藤ほか2015）。

　問題だと思う行為を黙認することは、図らずも研究活動の阻害に加担することになりうるという事実を、学生に理解してもらう必要があります。ただし、ハラスメント被害者にホイッスルブローイングを要求するようなことは、二次被害を起こす恐れがあるので適切ではありません。教員には状況を把握して柔軟に対応する慎重さも求められます。

　学生の立場であっても、研究室の改善に取り組むことは、将来、社会的公正、公共性に鑑みて行動するための予行演習になります。特に、立場や地位

を気にして正しい行いを封印してしまいそうになる環境でこそ、風穴を開ける行動が必要なのであり、それは研究でも社会でも同じなのです（黒木 2016）。

3.3 議論しながら誤解を解く

指導教員による論文添削や具体的な指導に対して、学生はこれを鵜呑みにする傾向、あるいはプレッシャーに感じて萎縮してしまう傾向がみられます。どちらも極端な受け止め方であり、好ましくありません。研究室内での進捗報告や論文作成は、学生が批判的かつ論理的に思考できるようになるための訓練の場であり、教員が自分の意見に従うよう強制的に誘導する場ではないこと、教員にそのような意図はないということを知ってもらう必要があります。学生が「教員の好むシナリオにもっていかれる」「言うとおりに直さないといけないから、ねつ造や偽造を招いてしまう」と受け止めるのは完全な誤解であるということを、教員からはっきりと伝えましょう（齋藤ほか 2015）。

一方で、教育サービスの受益者であるという意識が学生のなかに強まっている昨今、卒業論文などの作成においても、教員や周りからお膳立てしてもらうのが当然だと受け止める学生もいます。そうした学生には、まずは学生が努力や工夫をして、教員からよりよい研究指導を引き出すことが大切であることをよく伝えましょう。仲間と十分に議論を重ねたうえで教員との議論に向かうなど、さまざまな自助努力のかたちがあります。

また、得られた実験データがきれいな結果、予想されるとおりの結果にならないと、学生は困惑することがあります。一方で教員は、実験が理論や予想のとおりにいかないことはよくあるからと、「このデータだけ我々の理論から外れているね、なぜだろう？」と疑問を率直に述べることでしょう。これを受けて学生はさらに混乱し、「このようなデータが出るはずがないのだから、正しいデータが出るまでやり直さなければ」とまで考えることがあります。実験科目のように正解が用意されている実験を繰り返してきた影響かもしれません。

実際には、想定外の結果を追究することが研究のブレークスルーを生み出した事例が多くありますし、身近にそのような事例があると学生も粘り強くなっていくようです。想定外の結果が出た場合でも、包み隠さずに報告し、研究室メンバーでその原因について積極的に議論するように伝えましょう。

第3部

学生との信頼関係を築く

7章

多様な学生の研究を支援する

1 多様性を尊重することがなぜ重要か

1.1 属性で判断せず、個性や特性を尊重する

　学生を研究室に受け入れる際に教員が留意すべきことは、特定の属性に対して先入観をもつことなく、さまざまな特性をもつ固有の存在として認識することです。私たちは相手の属性によってレッテル貼りをしがちですが、属性（人種、国籍、性別、年齢など）によるちがいよりも個体差の方がはるかに大きいのです。基本的には、外見上のちがいや属性のちがいに関わりなく、すべての学生が個人として尊重され、自分のもてる力を十分に発揮できるような環境を整えることが大学に求められています。この考え方を「ダイバーシティ・アンド・インクルージョン」（Diversity & Inclusion）といいます。

　まずは、どの学生にとってもわかりやすい方法で接することが基本です。具体的には、重要な知識や情報を学生に伝える際には、ゆっくりかつはっきりと話すこと、口頭と文字の両方を組み合わせて伝えること、できるだけ肯定的な表現を用いること、学生からの質問を歓迎する姿勢を示すこと、学生の反応や理解度を確認すること、などです。これらの基本をふまえたうえで、学生の個性や特性に合わせて柔軟に対応する必要があります。

1.2 異文化を理解する能力を高める

　「ダイバーシティ・アンド・インクルージョン」の考え方に基づいて、以下では、学生がもつ文化的な多様性に対して、教員としてどのように受け止めるのが適切かについて紹介します。大学教員は自身が業績主義の世界で

生きているので、学生を評価する際にともすると学力だけに注目しがちです。本書は、学力以外のさまざまな要素を多面的に評価し、研究室の多様性を高めていく方が、大きな相乗効果を期待できるという立場をとります。教員自身が異文化や多様性を尊重する姿勢を学生に示せば、学生間にもそうした考え方が自然に浸透することでしょう。

2　学生が研究上の言語に不慣れな場合

2.1　学生の言語運用能力を確認する

　学生が研究室で用いる言語に不慣れな場合があります。具体的には、外国人留学生の日本語運用能力が十分ではないケース、あるいは日本人学生が英語による授業についていけないケースなどがあります。日本語であれ英語であれ、日常会話の語学能力と、専門分野において学位論文を書くのに必要な言語運用能力はかなり異なります。専門用語を用いて論理的に書く能力が学生にどれほど身についているのかを、教員は事前に確認しておく必要があります。

　また、留学生が日本語で論文を書いたり、非英語圏の学生が英語で論文を書くのを支援するしくみがどのくらい整っているのか、所属する大学・学部におけるサポート体制を調べておきましょう。

2.2　言語能力の奥にある学習観や文化を知る

　言語の運用能力の奥には、それぞれの学生がもつ学習観や文化が存在します。年長者を敬う伝統をもつ国からやってきた学生は、公の場で教員に対して反対意見を述べることは、教員の面子をつぶしてしまうのではないかと遠慮する可能性があります。言語運用能力は十分にあるのに、発言を控えるのは、別の要因があるからです。

　また、教科書を読み上げる一斉教授型の授業に慣れている学生は、正解は絶対的なもので、それ以外にも正解がありうるとは思いもよらないかもしれません。実際には、学問上でも複数の矛盾する見解が同時に存在することはよくあります。指導教員の意見ですら、さまざまな解釈のなかの一つの見解にすぎません。周囲の人々と議論を重ねることによって、自分の知見や論理をより確実なものにすることが重要だというメッセージを留学生に伝える必要があります。

言語の運用能力が不十分な場合、語彙や表現力が足りないことから、意図どおりに話すことができず、極端で幼稚な表現になってしまうことがあります。この場合、聴き手は発話内容だけで話者の知的能力を判断しないように注意する必要があります（近田 2011）。当該学生は、実際にはもっと多くの深い内容を伝えたいと考えているかもしれません。

3　学生が何らかの障害を抱えている場合

3.1　障害は見えにくいが、工夫しだいで軽減、解消できる

　研究室に何らかの身体的障害、あるいは発達・精神面に障害のある学生がいるかもしれません（差別的なニュアンスを避ける観点から、障害を「障がい」と表記する場合が増えていますが、本書では現行の法律上の表記に基づいて「障害」と表記します）。教員にとって難しいことは、外見だけでは障害の有無を判別できないことです。難聴、発達障害、精神障害の大半は、外見だけではほとんど判別がつきません。このため、研究室で学生を受け入れた当初に、具体的にどのような支援が必要なのかを個別面談の場で学生本人に確認しておくことが必要です。学生はほかの学生の前では自分に障害があることを申し出にくいことがありますので、個別に申し出るように学生に伝えましょう。

　障害は当事者または周囲の工夫しだいで軽減、解消することが可能です。障害がある状態とは、機能的な障害が社会的な障壁によって解消されておらず、日常生活において制限を受けている状態であると説明できます。たとえば近視は遠方がよく見えないので広い意味での機能的障害に相当しますが、板書を大きな字で書くこと、あるいは眼鏡やコンタクトレンズを装着することによって、その障害を解消することができます。難聴の学生にはマイクを用意することで対応できます。

3.2　無理なくできることから試みる

　何らかの障害のある学生に対しては、2016年4月に「障害者差別解消法」が施行されたことに伴い、「合理的配慮」が各大学に求められています。合理的配慮とは、障害のある学生が、学業などにおいてその障害によって不利益を被ることがないように、大学側が可能な範囲で調整や対応を行うことを意味します。合理的配慮の基本は、学生からの申し出に基づいて、大学として組織的に対応することです。各教員が個別に判断すると、か

えって対応にバラツキが出てしまうことがありますので、まずは所属大学あるいは各学部が定めているガイドラインなどをよく確認しましょう。

　研究室ごとに対応するのは容易ではありませんが、学生から申し出があった場合、身近なところにも改善できる余地はあります。たとえば、発達や精神面に課題を抱えている学生に対しては、誤解を与えないように指示を明確に伝えること、段階を踏んで伝えることなどが効果的だといわれています。

　たとえ学生に何らかの障害があるとしても、一定の学力水準を満たしていれば、障害を理由に研究室で受け入れることを拒否することは適切ではありません。また、障害によって修学に困難が伴うことがあっても、休学や退学は学生自身が決定すべきことであり、指導教員の側から強制してはいけません。これとは反対に、研究室に所属する要件を満たしていないにもかかわらず、障害を抱えていることを理由に優遇するのは適切ではありません。

　発達障害や精神障害がある学生には、周りの学生とうまくコミュニケーションをとれない、自分なりの強いこだわりがある、不眠や過食、拒食、過度の不安、攻撃的な態度がみられることなどがあります。自分の研究室の学生にこうした兆候がみられる場合は、多くの場合、研究活動よりも休養、加療などを優先する必要があります。まずは学内の専門部署（保健管理センターやメンタルヘルス部門など）に相談し、専門家のアドバイスを受けるのがよいでしょう。

3.3　学生相互に協力できることがある

　研究室の学生に対しては、次の2点を伝えましょう。第1は、学生自身が障害のある人の社会的障壁にならないことです。私たちは気づかない間に自分が社会的障壁になっていることがあります。たとえばゼミ中の私語は、聴覚に頼らなければならない視覚障害の人や難聴の人にとって迷惑になります。発表資料のフォントサイズを過度に小さくすると、視覚障害のある人や中高年の人は読みづらいかもしれません。

　第2は、障害のある人にとっての社会的障壁を取り除くために、学生が一個人として可能な範囲で協力することです。たとえば車椅子や松葉杖をついている学生がいたら、ドアの開閉を手伝う、荷物を持つのを手伝うなどの配慮をすることができます。通路に障害物を置かない、研究室のメンバーがよく使う文献を取り出しやすい場所に置くなどの配慮も可能です。

障害のある人との関わり方を一人ひとりの学生が考え、身につけることが望ましいという姿勢を研究室全体で共有することが求められます。

4 学生が仕事や家庭生活をもっている場合

4.1 時間的制約を認識する

　大学には仕事や家庭生活を続けながら勉学に励んでいる学生が多く存在します。社会人学生を研究室に受け入れる場合に留意すべき第1の点は、彼らの多くは仕事や家事、子育て、介護などの理由で時間的な制約が多いという点です。仕事をもっているために授業時間外に他の学生と課題をしたり、議論をしたり、一緒に食事したりすることが難しいかもしれません。あるいは、事務室の窓口が開いている時間に大学に来ることが難しいかもしれません。指導教員は最初の時点で、彼らが学生生活全般（履修登録や図書館利用なども含めて）において困っていることがないかを確認しておきましょう。もし、学生として研究室の活動に参加することが時間的あるいは物理的に明らかに困難であれば、その学生を受け入れるのは適切ではないかもしれません。

4.2 環境的制約を認識する

　仕事や家庭生活を抱えている学生を受け入れる際の第二の留意点は、彼らの年齢や生活環境が他の学生と異なるがゆえに研究室にうまくなじめず、疎外感をもってしまう可能性があることです。あるいは反対に、他の学生が社会人学生に対して遠慮する可能性もあります。社会人学生が時間のやりくりがうまくいかずに、研究室の活動に思うように参加できない場合、そのことが彼ら自身のストレスになり、疎外感を強めてしまうことがあります。指導教員としては、こうした兆候が現れていないか、よく注意しましょう。

4.3 学生の経験知を資源としてみなす

　第3の留意点は、彼らが研究室のなかで等しく尊重されていれば、その豊かな職業経験や家庭生活の経験を活かして、他の若い学生に対して有用なアドバイスをしてくれる貴重な存在となりうるという点です。指導教員としては、彼らの豊富な人生経験を尊重し、これを研究室全体の資源とし

て共有しつつ、同時にその経験をどのように研究活動に活用できるのかについてアドバイスしましょう。しかしながら、社会人学生の長所ともいえる豊富な経験が、同時に彼らの思考を束縛し、制約する場合もないとはいえません。彼らの人生経験、職業経験を尊重しつつも、研究においてはそうした経験をいかに相対化させるかが鍵となります。

5　学生の性的多様性に配慮する場合

5.1　性別上の少数派は状況によって変わりうる

今日の大学教育における性別上の少数派は、当該学生の置かれた状況によって変わります。たとえば、男子学生が多数を占める学部・学科（工学など）では女子学生は少数派ですが、女子学生が多数を占める分野（看護、外国語、保育など）では男子学生が少数派となります。伝統的に異性が多く担ってきた専門分野、職業分野を選択する場合、当該学生はさまざまなプレッシャーを感じることがあります。

5.2　教員が抱きやすい性別上の先入観

女子学生が多い分野であっても、研究指導を担当する教授や准教授のポストは男性が多くを占めることがあります。つまり、男性教員が女子学生の研究指導を担当するというケースが、その他のパターンよりも相対的に多く存在し、互いに異性であることから誤解が生じることがあります。

ゼミでのディスカッションの際は、女子学生は目上の人（たとえば指導教員）に対して積極的に反論することを控えることがあるといわれています。男性教員はそのような場合、学生の意欲や能力が不足していると考えがちですが、実際のところ女子学生は議論によって対人関係が傷つくことを恐れて発言を遠慮する傾向があるようです（Mapstone 1998）。競争的な文化で育ってきた男性教員は、こうした態度の意図を見抜けずに、女子学生を低く評価してしまう可能性があります。一般的に、男性の指導教員は率直さ、力強さを強調する傾向があり、このことが学生にとってプレッシャーになることがあります（バーカー 2011）。

また、男性教員は女子学生が感情的で涙もろい存在であるという先入観を抱きがちで、そのためにハラスメントになることを恐れて、女子学生に対して研究上の厳しい批判を遠慮する可能性があります。その結果、女子

学生は男子学生ほど詳細なフィードバックを得られないという不利益が生じることになります(フィリップスほか 2010)。実際には、感情のコントロールをどのくらいできるかは、性差よりも個人差や社会的成熟度によるところが大きいでしょう。

5.3 性的マイノリティに配慮する

　LGBT(レズビアン、ゲイ、バイセクシャル、トランスジェンダー)など性的マイノリティの学生は、ハラスメントの問題に遭遇しやすく、ロールモデルが少ないことが課題だといわれています(フィリップスほか 2010)。たとえば、男性か女性で性別を聞かれること自体が、性的マイノリティの学生にとっては不快かもしれません。性的マイノリティの人々にとっての最大の課題は、いわゆる「カミングアウト」(周りの人に対して自分が性的マイノリティであることを告白すること)だといわれています。性的マイノリティの学生はカミングアウトしていないだけで、研究室にも存在している可能性が十分にあるということを教員は認識しておく必要があります。

　実習や調査などの目的で研究室のメンバーで旅行をする場合には、特に注意が必要です。他の学生と入浴、トイレ、宿泊などを共同利用する場合に、性別の問題が顕在化しやすくなるからです。このため、授業担当教員よりも研究室の指導教員の方がこの問題について直面する機会は多くなるでしょう。個人的な要望がある場合は、遠慮せずにいつでも個別に申し出るように学生に伝えましょう。また、学生間で差別やハラスメントが起きていないか、目配りしてください。

6　学生の基礎学力が不足している場合

6.1 必要な基礎学力を明示する

　高校時代までに履修した内容に対する理解が不十分な大学生は今日では珍しくありません。大学進学率が上昇し、さまざまな入試形態が導入された結果、入学する学生の基礎学力は大きく多様化しています。基礎学力が不足している学生の特性としては、自発的に学ぶ習慣が十分についていないだけでなく、そのことが社会で雇用されるために必要な能力の本質であるという点を認識できていない、という指摘があります(居神 2010)。事実上の志願者全入状態にある大学の教員は、卒業までに少なくとも義務

教育レベルの読み書き能力を学生に確実に身につけさせることを優先すべきであると考えているという意見もあります（葛城 2016）。大学において義務教育レベルの基礎学力を担保するべきだという主張は、裏返していえば、この点が必ずしも容易ではないことを意味しています。

　では、基礎学力の不足した大学生に対して、研究室での研究指導において大学教員はどのように対応するのが望ましいでしょうか。おそらく、卒論生が自分の研究テーマに関する基礎知識を十分に習得していない、読む習慣がついていない、文章を書くうえでの基本的な作法ができていない（主語がない、事実と意見を区別できないなど）、などの問題が想定されます。

　まずは、研究室で学生を受け入れる際には、必要な基礎学力、履修しておくべき科目とそこで習得すべき能力などをあらかじめ明示して、それらが当該学生にどの程度身についているかを事前に確認しておきましょう。もし不十分な場合は、要件を満たすためには何をすべきかを具体的にアドバイスする必要があります。

6.2　卒業論文を課さないこともありうる

　学生の基礎学力が不足している場合は、そもそも卒業論文を課すべきかどうかという点を慎重に考える必要があります。この点については各学部・学科でルールを定めていますので、確認してください。卒業論文を書くことがカリキュラム上、任意であれば、各分野において最低限必要とされる基礎知識の定着を図る方が、優先される場合もあるかもしれません。あるいは、基礎知識の習得は授業中の課題で重点的に行い、研究室では学ぶ姿勢や考え方を伝えることに重きを置くという考え方もあるでしょう。

7　学生が内向的な性格の場合

7.1　内向的なことをポジティブにとらえる

　学生のなかには、初対面の人と会うことや、一度に多くの人と交流することが苦手なタイプもいます。また、外見上からは社交的に見えても、実際にはコミュニケーションが苦手で、人前ではかなり無理をしている学生もいます。現代社会は活発で社交的な人を理想的だとみなす暗黙の傾向があり（ケイン2013）、それは大学内においても当てはまる面があります。内気な学生、寡黙な学生、声の小さな学生、競争が苦手な学生は決して少なくあり

ません。彼らは各種の面接やゼミでの議論などの際に、活発な学生と比較すると目立ちにくい傾向があります。

　指導教員としては、こうした内向的な学生の能力を正当に評価することが求められます。内向的であるということは人間の特性の一つであり、思慮深さの裏返しでもあります。多くの大学教員は、競争的な環境で業績を積み重ね、現在のキャリアを築いてきたという自負をもっているがゆえに、外向的で活発なことを望ましいと考えるバイアスがあるかもしれません。それゆえに、内向的なタイプの学生を不当に低く評価しないように留意する必要があるでしょう。

7.2　安心感を与え、長い目で成長を見守る

　内向的な学生は他の学生と比べると地味で目立ちにくい存在ですが、自分が興味をもっていることに深く集中することや、特定の活動を安定的に持続する能力に優れているといわれています（ケイン 2013）。教員としては、彼らが安心して活動に集中できるような環境づくりをすることが肝要です。たとえば、彼らが話しやすい話題や興味をもつ話題を確認しておく、失敗してもやり直す機会を提供する、個別面談の時間をとる、本人が振り返る時間を多めに設定する、過度の刺激を与えない、長いスパンで評価をする、などの工夫が有効でしょう。

　研究室での人間関係においては、外向的な学生がもつ瞬発力や行動力と、内向的な学生がもつ持続力や思慮深さが補完し合い、相乗効果をもたらすことが望ましいといえるでしょう。異なるタイプの学生が互いの長所を認め合うことを教員として奨励しましょう。

8　学生が経済的に困窮している場合

8.1　大学生の経済状況は厳しい

　日本の大学生のうち、いわゆる下宿生が得ている仕送り額は30年前の1980年代とほとんど変わりません（全国大学生活協同組合 2017）。アルバイト収入も90年代以降、横ばい状態が続いています。一方で、授業料の水準は国公私立にかかわらず上昇傾向にあります。奨学金制度があっても、ほとんどの奨学金は卒業後に返還義務が生じるため、あえて奨学金を借りないという選択をする学生は少なくありません。さまざまな要因によって経済

的に困窮している学生は、どこの大学にも一定の割合で存在します。

8.2　学生の経済的負担を減らす工夫をする

　研究室では、学生が無理なアルバイトで体調を崩していないか、十分な学修時間を確保できているかどうかを指導教員として確認しましょう。経済的に困窮している場合、学生は比較的時間給の高い深夜のアルバイトや安全面でリスクの高いアルバイトを選択して、日常生活が不規則になり、学業に支障をもたらす恐れがあります。学生が経済的に困窮している様子であれば、まずは大学内に設置されている学生相談窓口を利用するように促してください。

　このほかに、学生が経済的に困窮している場合の兆候としては、指定した教科書や参考書を購入しない、コンパやゼミ旅行などの行事への参加を辞退することが多い、などが挙げられます。こうした場合、学生は経済的な理由があることを自分からは言い出しにくいので、教員から見ると積極性に欠けるように誤解してしまうことがあります。

　教科書や参考書はできるだけ安価で入手しやすいものを選ぶようにし、個人で購入するのが難しい場合でも、学内の図書館などで借りられる状態にしておくことが望ましいでしょう。コンパやゼミ旅行を企画する際は、学生の参加費が高額にならないように配慮が必要です。研究室内での茶話会や各自持ち寄り形式のパーティーならば、参加費を安価に抑えることができるかもしれません。

8章

研究室を立ち上げる

1 研究室の活動計画を立てる

1.1 研究室の活動指針をつくる

> 「研究室の長になるというのは、決してささやかな変化ではありません。それは自分を取り巻く社会や環境の大変動であり、多くの研究者がまったく何もわからないまま、その変化に巻き込まれています」
> (バーカー 2004、まえがき冒頭)

　研究指導においては、研究室を学びの共同体として形づくることが学生の発達や研究の成功の鍵となります。そのためには、研究室の活動指針をつくり、これを研究室メンバー間で共有することが第一歩となります。明文化された指針は学生同士の連帯感を深め、理想とする研究室文化を醸成する助けとなります。同時に、教員にとっても研究室の指針は道標となり、時には戒めになります。研究室の活動指針は主に、理念などで基本的な方向性を示す方法、学生の具体的な到達目標を示す方法の2種類があります。学生にネガティブな印象を与えないように、指針はできるだけ肯定的表現を心がけましょう。

1 | 研究室の理念

　研究室の理念を表現する際は、学問領域に対しての貢献、社会への貢献などを学生にわかりやすい言葉で端的に記します。この理念は、研究室が軌道に乗ると思われる5年後くらいの理想的な姿をイメージしながらつくってみましょう。たとえば、次のような表現があります。

・○○研究領域において世界で一番になる
・研究を楽しもう
・この研究室だからできることを思いっきりやってみよう
・知的に誠実であろう
・社会の△△問題の解決に貢献する

　このような理念の文面は、学生募集において活用できるだけでなく、研究室ホームページなどを通じて外部の人の目に触れることで、出前授業やメディア取材などを依頼されて社会貢献につながることもあります。多様な活用方法を意識し、専門用語を使うことをできるだけ控えて、平易な表現を用いるようにしましょう。

2｜所属学生の到達目標

　所属学生の到達目標とは、研究室での活動を通じて、学生に身につけてほしいと教員が期待する知識、スキル、態度などの具体像です。すなわち、学位論文作成についての具体的な評価基準を作成するということです。たとえば、先行文献の調査、研究手法、外国語の運用能力、論理的思考、創造的思考、プレゼンテーション資料作成、口頭発表、ディスカッション技法、論文執筆などの項目が考えられます。それぞれについて、学生のレディネス（学習準備状況）や学部・学科のディプロマポリシー（学位授与方針）などと照らし合わせながら、具体的な目標レベルを記してみましょう。たとえば、次のような表現が考えられるでしょう。

・安全や対象への配慮をしながら必要な手続きを踏んで○○を進められる
・自身がもつ先入観に気づき、批判的思考を適用して△△することができる
・事実に基づいて論理的な報告ができる
・知的で建設的なディスカッションができる
・他者の意見やアイデアを受け止め、研究の深化に活用できる

3｜指導スタイル

　指導教員としてどのような指導スタイルをとるのかについて、学生に明確に伝えましょう。教員にも個性があるからです。たとえば、学会などに

積極的に参加して学内外の専門家に多く接してほしい、論理的思考を重視するので問答型の訓練についてきてほしい、職能の獲得を重視するので課外セミナーを積極的に活用してほしい、などです。

　教員の指導に対して学生が萎縮すること、あるいは誤解することがないように、自分の指導スタイルをあらかじめ示しておくことも効果的です。たとえば、「時には厳しく注意すること、叱ることもあるだろうけれど、それは期待の裏返しと思ってがんばってみてほしい」などのメッセージです。個別指導に入る前に学生全員がいる場で伝えておけば、学生にとっても納得しやすいでしょう。

　また、教員が学生に対して何ができて何ができないのかを明確にしておくことも役に立ちます。「必要に応じて、研究の進捗状況についての説明を求めること、進め方に介入することもありうる」「SNSなどを通じての急な連絡には対応できないが、電子メールには基本的に2日以内に返信する」などです。こうすることで、学生から過大な期待を寄せられることや過干渉と受け取られることがなくなります。学生に無用の不公平感を抱かせずにも済みます。お互いの約束というかたちをとる方が、一方的に決まりを押し付けるよりも学生に受け入れられやすいという面もあります。

4 ｜ 研究室のマナー

　教員として研究室に所属する学生に守ってほしい最低限のマナーについても言葉で表現しておきましょう。教員が学生だった頃には当たり前だったことでも、世代間ギャップや文化的背景のちがいなどによって、あらためて明示することが必要となる場合があります。たとえば、引き受けた仕事に責任をもつ、あいさつや返事をする、自分の時間と他人の時間をともに大切にする、研究室を整理整頓するなどです。裏返していえば、社会人として恥ずかしい言動をしない、遅刻やドタキャンをして他のメンバーに迷惑をかけない、研究室の雰囲気を悪くするような言動をしないということです。ただし、否定的な表現は避ける方が無難でしょう。

1.2　週単位、年単位の活動を計画する

　活動指針を実現するには、研究室のなかに適切なしくみ、しかけを施すことが必要です。まずは研究室の日常のスケジュールを組み立てます。

1 | 研究室オリエンテーション

　学年はじめには、研究室オリエンテーションを開催します。歓迎会など
を付随させてもよいでしょう。異なる学年の学生が集う研究室では、先輩
学生が後輩学生を歓迎するしくみをつくっている事例が多くあります。そ
の場合、教員は大事なメッセージを伝える役割に徹して、基本的な運営は
学生に任せることもできます。いずれにせよ、準備や広報の時間を十分に
とることをお勧めします。

2 | グループミーティング

　グループミーティングの趣旨は、研究の進捗状況や研究環境の整備状況
を全体で共有することです。定例で設定する場合もあれば、進捗状況に応
じて柔軟に設定する場合もあります。おおよその予定を決めておく方が、
教員と学生双方にとって集まりやすいでしょう。大所帯の研究室では、サ
ブテーマごとのミーティングと全体ミーティングを使い分けることもあ
ります。この場合、サブテーマごとに週1回、全体では月1回など、異なる
頻度を設定することができます。

　グループミーティングのメリットは、学生全体に指導内容が行き渡るこ
とです。また、個人面談で注意事項を語る際は特定の学生が対象となりま
すが、グループミーティングでは注意事項を一般論として語ることができ
るため、個々の学生にそれほどの圧迫感はありません。ただし、グループ
ミーティングでは1回の時間が長くなりがちで、結果として学生の注意力
が低下することがあります。徐々に形骸化して教員への報告会のように
なってしまわないよう、学生間の議論をつねに促すことが必要です。

　多くの教員は、グループミーティングと個人面談を組み合わせて指導し
ています。たとえば、大所帯で大型チーム研究だからこそ個人面談を重視
するという事例もあります。両者のバランスは実際の学生の様子を見なが
ら調整しましょう。

3 | 発表の練習会

　学部・学科が設定する公式の中間発表や口頭試験などの前には、研究室
全体で発表練習会を行うことにより、発表ノウハウを共有することができ
ます。全体で行う発表練習では、個別の研究内容に関わる事項よりも全員
が知っておくべき基本ができているかを確認することの方が重要です。細
かな内容は別途フォローしましょう。また、これから研究室へ所属しよう

とする学生に発表練習を公開することは、発表する側にとっても、聴く側にとっても好ましい刺激をもたらすでしょう。

　また、「スライドにこういう工夫があって見やすかった」「質疑の際に○○したことがよかった」など、具体的なポイントを教員が積極的に言葉にしましょう。他の学生の前でほめられることは時に学生のモチベーションを高めることにつながります。ただし、学生間に優劣をつけるような表現は避けましょう。学生の活動やその結果について、どのような点が優れているのかを説明することが大切です。

4 ｜ 文献の読みあわせ会

　文献の読みあわせ会とは、学生が自分の研究に関連する文献を読んできて、相互に紹介しあう集いのことです。その名称は、輪読、輪講、演習、抄読会、文献講読、雑誌会、ゼミなどさまざまです。教員が主導し単位に直結するもの、学生が主導して教員も参加するもの、学生だけで企画運営するものなどがあります。専門分野の雑誌論文を紹介する場合もあれば、書籍の章を順に担当する場合もあります。

　文献を個人で読むだけよりも、自分が読んだものについて他の学生と意見交換するかたちの方が、内容の深い理解につながります。質問を考えることもまた、批判的思考や論理的思考を鍛えるよい訓練になります。研究室内にさまざまなテーマがある場合には、お互いの研究を知る手がかりになり、支え合う下地になります。

　主要な文献では、必ずその分野の古典的な研究や重要文献に言及しています。教員はそうした古典について解説をして、それらが今日の先端的な研究にどのようにつながっているか、どのような学術的展開があったのかについて補足説明するとよいでしょう。あるいは、そうしたことを上級生に説明させるとよいでしょう。

5 ｜ 日々のコミュニケーション機会

　朝の会、ランチ会、ティータイムなど、研究室メンバーが顔を合わせる機会を研究室の特性に合わせて設けます。このような機会があると、元気がない学生、来なくなっている学生などを早期に発見できます。実験の進み具合などによって学生が席を外せないこともありますが、来られない学生の状況が何らかのルートで教員に伝わっていれば問題ないでしょう。

　会合としての設定ではありませんが、研究室にいるべき時間として「コ

アタイム制度」を設ける例もあります。これによって研究室メンバーが同じ時間と空間を共有し、コミュニケーションが円滑になることを期待するものです。集合時間を指定して「ランチタイムは一緒に」とするやり方もあれば、「9時から17時がコアタイム」のように長めに設定する方法もあります。個々の研究室の状況や文化に合わせて柔軟に設定するとよいでしょう。

　各種レクリエーションも研究室のまとまりをつくるのに有効です。先に述べた歓迎会のほか、研究室旅行、お花見や観月会、バーベキュー大会、卒論打ち上げ会などがあります。また、研究室メンバーの祝い事、たとえば受賞や結婚などがあったときには、仲間うちで祝福する会を設けるのもよいでしょう。いずれの場合も、大学の規則その他を守ること、安全に留意すること、無理強いはしないことが大前提です。

イベントで研究室を活気づける

事例　大掃除といえば年末、そして終了後は忘年会というイメージがありますが、ある研究室では年2回実施しているそうです。理由は、大掃除を通じて研究室内の人間関係を構築できるから、そして研究室内の物の在り処や扱い方を学ぶ機会になるからとのこと。初夏のうちにこれらを済ませておくと、その後の研究活動、研究室生活がスムーズになると考えてのことだそうです。

　大掃除以外にも、研究室メンバーが集まって作業をするイベントを取り入れる研究室が多くあります。鍋パーティーやバーベキュー大会などが定番でしょうか。ある研究室では中国からの留学生が多かったので、餃子パーティーが恒例でした。もちろん、皮作りからの本格派です。完成度はまちまちで、中身が飛び出してしまうようなものから、売り物にできそうな完成度の高いものまで、メンバーの意外な個性がわかると教員も楽しんでいました。

　研究室パーティーやゼミ旅行は、家族連れで参加しやすいというメリットがあります。育児介護や仕事などで時間がとりづらい学生がいるように、教員にもライフサイクルがあります。夜の飲み会には参加しづらいこともあるでしょう。家族連れでのイベント参加は、互いの日常の姿を垣間見ることで、親近感や理解につながります。

　研究室の活動を円滑にしようという教員の意図を超えて、教員の知

らぬ間にあれやこれやとイベントをしている研究室もあります。なかには、卒論の打ち上げだけでは物足りず、卒論発表会前に壮行会まですることが恒例となっているツワモノ研究室もあるのだとか。その時間を発表のさらなるブラッシュアップに使ってほしい気もしますが、壮行会に間に合わせるための助け合いや時間管理術はそのまま実社会で通用するのかもしれません。

2　研究室の環境を整える

2.1　空間を設計する

　活動指針を実現する助けとなるように研究室空間を設計しましょう。たとえば、コミュニケーションを豊かにしようという指針を掲げるならば、できるだけ開放的な空間とするのが望ましいでしょう。もし高い壁で仕切られた個人ブースが学生スペースを埋め尽くしているのであれば、この指針に矛盾します。学生に個別面談に気軽に来てほしければ、教員研究室にミーティングテーブルを置くのが好ましいでしょう（図5左）。学生スペースにミーティングテーブルを配置すれば、学生間の意見交換や議論を期待するという暗黙のメッセージになります（図5右）。さまざまな機器を用いる場合は、電源容量やコンセントの位置なども重要です。また、消耗品や機材、雑誌のバックナンバーなどを収納するスペースを確認しておきま

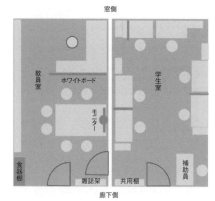

教員室でのコミュニケーションを優先

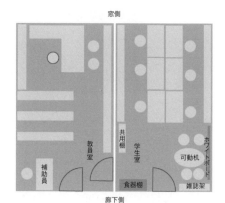

学生同士のコミュニケーションを優先

図5　研究室レイアウトの例

しょう。

　研究室の空間設計をする際は、勤務する大学の規模、立地や学生の特徴なども考慮しましょう。たとえば教員が大規模な研究大学の研究室で育てられ、比較的小規模な大学に教員として赴任した場合、研究環境には大きなちがいがあるかもしれません。周囲の研究室を事前に訪問するなど情報収集を行い、研究活動の進め方や研究指導の方法を具体的にイメージするようにしましょう。

2.2　研究に必要なリソースを準備する

　研究室の備品や消耗品をいつ、どれだけ、どのように調達・配置するかを考えましょう。さらに、それらをどこまで全体で共有し、あるいは個人単位で割り当てるかという判断が必要になります。たとえば机、椅子、パソコン、各種アプリケーション、プリンターなどです。書棚や書籍・雑誌はどれほど購入し、どこに配置するのが便利でしょうか。実験機器をどのようにレイアウトし、どのくらいの周期で更新するのが妥当でしょうか。機器などの重量が大きい場合、床補強は必要でしょうか。研究に必要な備品や消耗品はどこに保管し、どのように管理するのが適切でしょうか。ティータイムや実験の待ち時間を学生たちはどこで過ごすことになるでしょうか。

　以上のような研究環境の整備・維持には、一定の研究費が必要です。主な研究費の種類を表5にまとめています。より充実した研究環境を望むならば、研究資金に関する学内外の情報を集めて、これを獲得するために早期

表5　主な研究費の類型

獲得方法　＼　資金源	自動配分	依頼・受付	競争
学内	ベース配分		学長裁量経費
政府等			科学研究費補助金[1] 大型研究開発プログラム[1,2] 競争的教育改革プログラム[3]
民間等		共同研究・受託研究 寄附金	民間助成財団

[1] 研究費本体である直接経費の使途は限られるが、大学に配分された間接経費が講座や個別教員にインセンティブとして付与されることがあり、両者を使い分けながら研究指導の基盤整備に用いることができる。
[2] 省庁主導によるもののほかに、日本学術振興会や科学技術振興機構などの独立行政法人や研究開発法人によるものを含む。
[3] 教員の研究費ではないが、教育改善・改革のための政府系競争的資金は、教育の一環として行われる学生の活動に使用できる場合がある。

から、かつ計画的に準備する必要があります。今日では大学から経常的に支給される予算が十分でなく、水道光熱費・雑誌購読などでほとんどゼロになってしまうこともあるからです。学内もしくは学外の競争的資金を獲得し、研究室のインフラ整備資金やメンバーの旅費を確保することが一般的です。

また、学外から寄附金を集めたり、産学官共同研究や受託研究を行ったりすることによって研究費を捻出する方法もあります。競争的資金は不採択になる可能性があるため、寄附金などがあると安心して研究活動を継続することができます。このような民間からの研究資金の獲得には、学外における交流をふだんから心がけることが鍵となります。

2.3　研究室のガイドラインやウェブサイトを作成する

研究室内のさまざまな情報を共有文書としてまとめておきましょう。研究室の使い方、書籍や設備の使い方、実験プロトコルなどの各種マニュアル、蔵書目録、学生が記入する使用記録、研究ノートの記載方法、データ管理のフォーマットなどです。どのような文書があれば研究室での活動が円滑に進むかを想像しながら、リストアップしていくとよいでしょう。学生とのやりとりや実践からのフィードバックをもとに、定期的に改訂する必要があります。

研究室ウェブサイトの主な項目は、研究内容、研究成果、メンバー紹介などです。研究成果だけでなく社会貢献について記載したり、研究室の日常を写真で紹介するコーナーやメンバー募集のページを設けたりといった事例もあります。研究室の内部専用ページを作って、スケジュールや設備使用などの情報共有に役立てることもできます。

研究室ウェブサイトを学生がつくると……

事例　研究室ウェブサイトの管理運営を学生が担うケースがよくみられます。近頃はデザインセンスやITスキルが高い学生がおり、「カッコいいサイトになって」とうれしそうに話す教員もいます。また、学生が書いた研究室の紹介文を読んで、教員が自分の研究室の特徴に気づかされることもあるそうです。

しかし、注意すべき点もあると忠告してくれた教員がいます。たとえばウェブサイトに掲載する画像。研究室イベントの一コマを切り取った

写真に、無関係な人の顔などが写り込んでいないでしょうか。使用しているイラストや背景写真は、研究室のオリジナルないしはライセンスフリーのものでしょうか。あるいは正式に承諾を得たものでしょうか。こういったことを細やかに確認しないと、研究室がプライバシー侵害や盗用で訴えられかねません。たとえオリジナルであっても、それがゆえに知的財産上の問題になることがあるかもしれないのです。

　学生たちに研究室の役割を担わせるということは、彼らに社会のルールやマナーを学んでもらうプロセスであるという意識を、教員がしっかりともつことが求められます。

2.4　リソースを活用する方法を伝える

　研究室に所属するすべての学生に必要なスキル、たとえば電子ジャーナルの活用方法、設備備品の使い方、分析ツールの使い方などを早めに説明しましょう。研究室に上級生がいれば、説明役を任せることもできます。学生間で誤った情報を伝達しないように、事前にマニュアルなどを整備しておきましょう。

　各種リソースの使い方を説明するだけでなく、これらを実際に使う機会を早めに提供しましょう。たとえば、試料の作製、実験装置の運用、分析ソフトウェアの利用などがあります。スキルを習得するには相応の時間が必要です。学生同士で確認しながら進める、上級生が面倒をみるなど、個々の学生をフォローするしくみを整備しましょう。こういった基本的なトレーニングは数が多いため、緊急性の高いものを優先することが求められます。たとえば発表ポスターの作成スキルは後回しでも間に合うかもしれません。基礎スキルの育成はすべて研究室内で行わなくても、学内外の研修を活用する方法もあります。

3　研究室運営のリスクに備える

3.1　安全に関わるリスク

　研究室運営においては、設備備品の破損・汚損、研究室空間での事故等に留意する必要があります。学生の「うっかりミス」を防ぐためには、実験装置の操作方法や大学が定めたルールなどを研究室に掲示しておく、事前に

何度も練習させる、単独で使用させない、機器の使用記録を残すしくみを
つくる、異常発生時の緊急連絡体制を整備しておくなどの対策が考えられ
ます。

　研究室内で事故が発生した際の対処について、あらかじめ確認しておき
ましょう。事故が起きたら、まずは学生を避難させて身の安全を確保し、被
害の広がりを食い止めるのが先決です。原因の究明や予防対策はその後で
す。また、起きてしまったことについて研究室内で正しい情報を共有しま
しょう。たとえば、水漏れ事故によって階下の研究室まで水浸しになった
場合には、水漏れの原因やその後の復旧についてはもちろん、階下の研究
室に対してどのような対処や謝罪が行われたかといったことも含みます。

　学生の健康管理も必要です。長時間あるいは不規則な研究活動は、集中
力を低下させ事故の危険性を高めますし、深夜の研究活動には犯罪に巻き
込まれる懸念があります。体調不良が長引いて研究の進捗が芳しくない
と、研究室に顔を出しづらくなる学生もいます。こうしたトラブルを避け
るために、特別な場合を除いて深夜の実験や研究室での寝泊まりを禁止す
る、21時以降の研究室への出入りを届出制にするなどの方法をとる場合
があります。大学が定める施錠時間や施設利用ルールを守るべきなのはい
うまでもありません。

3.2　人間関係上のリスク

　研究室のなかではさまざまな人間関係上のリスクも存在します。第一
のリスクは、研究室内におけるいわゆる「フリーライダー」（ただ乗り）の存
在です。研究室の運営にほとんど貢献することなく、研究室の恩恵だけを
受けようとする学生がときどき見受けられます。こうした学生に教員が気
づかない場合、あるいは黙認する場合、学生間の人間関係が悪化すること
があります。研究成果以前に、研究室内で課せられた役割を果たすことが
先決であること、そういう点も含めて教員は日常的に学生を評価している
ことを伝えましょう。

　ただし、問題のある学生を衆目のなかで名指しして叱責することは避け
るべきです。学生が感情的に反応し、教育上、逆効果となる可能性があるか
らです。全体ミーティングなどの場では「みんなきちんと役割を果たして
いますか」と念を押す、きちんと行われている事柄については謝意を伝え
る、などの対応にとどめます。問題がある場合は、メンバー全体に注意を促
しましょう。それでも事態が改善しない場合は、当該学生を呼び出して個

別に指導するのが適切です。

　ふだんから研究室メンバー間で感情的な対立が起きていないかをよく観察しましょう。教員の気づかぬところで学生間の嫉妬、優越感や劣等感が生まれることがあります。また、教員のほかに大学院生、研究員、技術員、事務補助員などさまざまな立場の人がいる場合には、誰にどこまでの権限と責任があるのかという点で軋轢が生まれがちです。

　教員として大事なことは、問題を早期に発見すること、自身が感情的にならないこと、メンバーを公平に扱うこと、学生の利益を優先することです。似たようなトラブルが繰り返されているときには特に注意が必要です。これを大きな問題が起きる予兆としてとらえ、迅速に対応しましょう。

3.3　研究テーマに起因するリスク

　学生が研究テーマを変更したいと願い出るケースがあります。これは研究室にとってリスクとなりえますが、うまくすれば学生を成長させるきっかけになります。期待する結果が出ない、先輩学生とうまくいかないといった事情であれば、学生とよく話し合って、その原因の解消に努めることになります。時には、研究テーマの変更が学生のモチベーションの維持や向上に必要なこともあるため、テーマの発展性とともに学生の状況把握に努めましょう。

　テーマの変更によって、研究室としての研究テーマと学生個人の研究テーマがずれてしまうことがあります。このようなときは、所属する研究室を変更させるべきか、現在の研究室に残留させるべきかという選択を迫られます。どちらがより望ましいかを、時間的制約や卒業論文の要求水準、学生の意思、教員との相性、タイミングなどをふまえて総合的に判断しましょう。

　たとえば、所属は変更せずに教員がよく知っている他大学の研究室に送り出し、一定期間そこで研究をしてくる機会を設けること（いわゆる「丁稚に出す」、大学院ならば「指導委託制度」）もあります。学生にとって他大学の研究室で過ごすことは貴重な経験になりますが、元の研究室と疎遠にならないように配慮が必要です。

　いずれにしても、学生のテーマ変更が相次ぐことのないよう、またテーマ変更した学生の居心地が悪くなることのないよう、変更の理由や見通しについて可能な範囲で研究室のメンバーと情報を共有しましょう。

9章

個別面談を行う

1　最初の面談を成功させる

1.1　まずは学生を歓迎する

　最初に学生と面談をする際に重要なことは、教員が学生との面談を歓迎し、これに集中している姿勢を学生に示すことです。まずは教員が学生と約束した時間を守り、学生の話を傾聴することが大事です。

　学生の個別面談をする前後には、教員は授業の準備や後片付け、試験問題の採点、自身の研究活動、学内のさまざまな運営業務、学会の運営や論文査読などに忙殺されているかもしれません。しかし、学生と面談する際にはそれらの仕事を中断しなければなりません。できれば学生面談の10分前にはこれらの仕事に一区切りつけて、頭を切り換えておきましょう。もし教員が感情的になっている場合や気分が落ち込んでいる場合はなおさらです。

　切り出す話題としては、学生の出身地はどんなところか、これまでの大学生活ではどんなことに取り組んできたか、これまでどんな授業を受けてきたか、どんな研究関心を抱いているか、将来就きたい仕事は何か、などがあります。

1.2　学生の問題関心と基礎学力を確認する

　研究室を選ぶ段階では、学生は具体的な研究テーマを決めていないことが多いですが、ぼんやりした問題関心は抱いているはずです。最初の面談の際に、原初的な問題関心を学生自身の言葉で表現させてみましょう。できれば、面談時には手ぶらでなく、研究関心についてのメモを作成して持参するように学生に伝えましょう。重要なのは、学生がやりたいと思って

いる研究にとって、希望する研究室が最適かどうか、研究に必要な基礎学
力を学生が身につけているかどうかを確認することです。

1.3　大事なメッセージをわかりやすく伝える

　研究に関する専門的な内容は、学生が当然理解しているという前提では
なく、専門外の人に話すのと同じくらいのわかりやすさで話すのが望まし
いといわれています（バーカー 2011）。たとえば、専門用語や略語を用いる場
合は、学生がどのくらい意味を正確に理解しているかを確認する必要があ
ります。学生は十分に理解できないことがあっても、そのことで指導教員
に迷惑をかけたくないという心理が働くので、質問をためらう可能性があ
ります。

　多くの学生に共通する専門上の重要事項については、個別面談ではな
く、研究室ミーティングなど、学生全体が集まっている場で話す方が効率
的です。共通する内容を個別面談でそのつど説明するのは多くの時間を費
やすからです。特に重要な内容については、口頭に加えて板書などのさま
ざまな方法を用いて、繰り返し説明し、学生が十分に理解できているかを
確かめましょう。この方法は、研究室に外国人留学生や難聴の学生がいる
場合には特に効果的です。早口で説明すると、学生は聞き漏らす可能性が
あります。

2　面談の基本スキルを身につける

2.1　最適な面談ペースを確認する

　個別面談の頻度は、学問分野、学生の研究内容、基礎的な能力、性格、教員
側の研究指導スタイルなど、さまざまな要因によって規定されます。個別
面談にとって重要なのは、学生の研究の進捗状況を確認し、これを促進す
るのに最適なペースであることです。課題を小刻みに出したい場合、進捗
状況を集中的に把握したい場合などは、面談を頻繁に行うのがよいでしょ
う。反対に、まとまった大きさの課題を学生に与えて、学生にじっくりと取
り組ませたいような場合は、一定の期間を空けて面談する方がよいでしょ
う。

　学生から面談依頼があったときは、すぐには無理な場合でも、いつなら
可能かをできるだけ早く返信するのが望ましいでしょう。教員が定期的

に面談してくれないとき、個別面談を申し入れても返事がないとき、あるいは教員からの返信が遅いとき、面談の約束を教員が忘れているときなどに、学生はストレスを感じることがあります。

　大学教員は学生の研究指導以外の多種多様な仕事を同時並行的に進めていますので、学生からの急な面談依頼に即応できないことがあります。このため、たとえば希望する面談日の少なくとも3日前までに、メールで連絡してほしいということを、あらかじめ研究室の学生全体に伝えましょう。学生は希望すればすぐに指導教員に面談できるものだと思いがちですが、オフィスアワー以外の面談は事前にアポイントメントが必要であることを学生に知ってもらうことが重要です。

　学生1人あたりの面談時間は、1時間程度が望ましいでしょう。それ以上長い時間をかけると、指導教員として担当する学生すべての面談をすることが難しくなります。少なすぎると個々の学生への指導が不十分になりますし、多すぎると担当している学生の指導ができなくなり、ほかの業務（授業、研究、管理運営など）にも支障をきたすようになります。もし面談の頻度が多ければ、1回の面談時間はもっと短くても差し支えないでしょう。

学生からの無茶なメールにどう対応するか

　筆者はこれまで学生から次のような依頼メールを受け取ったことがあります。

・今すぐ面談してほしい
・民間奨学金申請に必要な推薦状を明日中に作成してほしい
・大規模授業の受講生に卒論用のアンケートさせてほしい

　学生からのリクエストに応じて面談するのは教員としての大事な務めですが、無茶なリクエストには応えられないこともあります。学生には、時間に余裕をもって面談や推薦状の作成をリクエストしてほしいと伝えています。また、卒論作成のために大学生へのアンケート調査が必要となる場合であっても、それが授業本来の趣旨と異なる場合は協力できないこともあるということも伝えています。

　これらの問題は、教員が学生にあらかじめルールを伝えておくことによって防ぐことができます。

2.2　誠実な態度で学生の話を傾聴する

　教員も学生との約束を守らなければなりません。面談の約束を反故にしたり、忘れたり、一方的に変更したりすれば、指導教員として学生からの信頼を失うことになります。ほかの急用が入ったりして、研究室の廊下で学生を待たせたりするケースもよくみられますが、学生は面談の日に合わせて研究の段取りを進めてきているので、こうしたことが頻繁に起きると、学生は自分の存在が軽んじられていると感じるかもしれません。

　個別面談するときは、まずは学生の話を誠実な態度で傾聴しましょう。大学教員は自分から話をしたがる傾向にありますが、まずは学生の話を聞くことを優先しましょう。そして学生の話しぶり、目や顔の表情を観察しましょう。学生がうまく説明できないときは、教員から問いかけをするとよいでしょう。久しぶりに面談する場合は、近況や趣味の話など、何気ない日常会話から始めるとよいでしょう。

　前回の面談と比べて学生の表情には何か変化がみられるでしょうか。研究状況には前回と比べてどんな進展がみられるでしょうか。また、学生と面談しながら他のことをすると、学生は真剣に自分のことを考えてくれていないと思うかもしれません。面談中にメールや手帳をチェックするのは避けるべきでしょう。もし学生との面談中に電話がかかってきたら、長電話をせずに、「今は学生との面談中だから、後で連絡します」と先方に伝えて、いったん切りましょう。

2.3　コーチングの要素を取り入れる

　個別指導ではコーチングを取り入れることが効果的です。コーチングとは「人が本来もっている能力を最大限に引き出し、可能性を大きく開かせることを目的とするコミュニケーションの体系」と説明されます（佐藤2014）。コーチングの特徴は、さまざまな問いかけによって目標にたどり着くまでの道筋を明らかにしていくことです。

　コーチングを取り入れた質問の枠組みとしては、「GROWモデル」がよく知られています。GROWとは、Goal（目標の明確化）、Reality（現状の把握）、Options（選択肢の確認）、Will（意志の強化）の頭文字をとったものです。GROWモデルの意義は、いわゆる「足場作り」となるような質問を、教員から学生に状況に応じて投げかけることによって、課題に対する学生の熟慮を促すことにあります（表6）。

表6　GROWモデルに沿った質問例

	教員から学生への質問例
Goal 目標の明確化	・あなたは何を達成したいと考えていますか ・それは最終目標ですか。それとも目の前の目標ですか ・それをいつまでに達成したいですか ・それはどれくらいやりがいがありますか
Reality 現状の把握	・現状を詳しく話してください（何が、いつ、どこで、だれが、何を、どのように） ・これまでにどんな行動をとりましたか ・研究に活かせそうな素材にはどのようなものがありますか ・あなたに大きな影響を及ぼしているのは誰ですか ・目標達成を妨げているものは何ですか ・目標が達成された状態を10点とすると、現状は何点だと思いますか。その根拠を教えてください
Options 選択肢の確認	・あなたの考えうる選択肢をすべて挙げてください ・現状から1点上げるための小さな行動があるとすれば、それは何ですか ・あなたの考える選択肢の利点と欠点を挙げてください ・他にどんな選択肢が考えられますか ・どの選択肢に最も魅力を感じますか ・あなたを助けてくれる人はいますか
Will 意志の強化	・どの選択肢を選びたいですか ・成功に対するあなたの規準と指標は何ですか ・目標達成の妨げになりそうなものをどうやって克服しますか ・あなたを支援するうえで、私にできそうなことはありますか ・決断した行動を実際にとれる確率は何パーセントですか ・どうすればその確率を少しでも高めることができますか

出所　西垣ほか（2015）を参考に一部修正

2.4　面談記録を残す

　学生には個別面談の際に事前にレジュメなどを作成させて、それを2部持参させるとよいでしょう（1部は指導教員用、もう1部は学生用）。このことは、学生が指導教員に研究の相談に行く際には、手ぶらで行かない、つまり相談内容を十分に考えて整理しておくことが重要だというメッセージになります。

　個別面談の際は、必ず記録を残しておきましょう。学生が持参した資料などをフォルダに綴じて研究室に保管し、いつでも確認できるようにしておきましょう。この学生別のフォルダはいわば研究指導のポートフォリオともいうべきもので、これによって学生の研究の進捗状況や成長過程を把握することができます。また、もし指導教員を途中で交替せざるをえない状況になったとしても、このフォルダを引き継ぐことで指導教員の交替によるダメージを少なくすることが期待できます。

　また、学生に面談記録をメモさせて、一両日中にメールで指導教員宛に送ってもらうという方法もあります。学生は個別面談の際に何を話し合ったのかを振り返り、次回の面談までに何をすべきかを明確にすることができます。この方法の利点は、指導教員と学生の意思疎通を確認し、もし勘違いがあればすぐに修正できます。

2.5　学生のキャリア形成を支援する

　多くの学生は研究室に属しながら、同時に就職や進学に向けた準備を進めることになります。特に就職活動による時間の寸断は、学生が研究活動をするうえでの妨げになっています。とりわけ就職活動の終盤において不採用通知を受け取って気持ちが落ち込むなかで、同時並行で論文作成に取り組まなければならないような場合は、学生にとって大きな精神的負担となる可能性があります。

　専門分野で学んだことを活かせる仕事にはどのようなものがあるかについて、個別面談の際に学生に話してみましょう。具体的な就職先を紹介することはできなくとも、専門性を活かしてどのような業種をめざすことができるのかについては伝えることができるでしょう。こうした業種に就職した研究室の卒業生を学生に紹介することもできるでしょう。

3　個別面談のリスクを想定する

3.1　学生の個人情報を守る

　研究指導においては、研究に関する内容だけではなく、学生の日常生活や個人情報にも接する機会が多くあります。この点が授業との大きなちがいです。学生が指導教員に個人的な話をするのは、指導教員ならば自分の個人情報を守ってくれるはずだと暗黙の信頼をしているからです。裏返していえば、個人面談などで得られた学生の個人情報を、外部の人に安易に話すことは慎まなければなりません。

　他方、学生が必要以上に日常生活や人間関係など、研究以外のことについて指導教員に相談を求める場合は、メンタル面のケアを必要としているかもしれません。こうした場合は、学内の学生相談窓口に相談することを勧めるとよいでしょう。指導教員はカウンセリングの専門家ではありませんので、学生の個人的な事情に深入りしないことが望ましいでしょう。

3.2　学生と適度な距離感を保つ

　学生への個別指導を行う際には、密なコミュニケーションができるのと同時に、リスクも存在します。第1のリスクは、学生が指導教員に心理的に依存してしまうことです。学士課程の場合は年齢的に若い学生が多く、はじめて研究活動に取り組む場合が多いので、学生は指導教員に依存しがちです。他方、教員と学生の心理的距離が大きすぎる場合もまた研究指導のマイナス要因となります。学生との距離感の保ち方に正解は存在しません。個々の学生の性格や研究のタイミングを考慮しながら、「近すぎず、遠すぎず」という距離感を確認しましょう。

　学位論文の作成に直接関係しない学生のプライベートな問題には、教員からは深入りしない方が賢明です。場合によっては、教員の私用メールアドレス、携帯電話の番号、自宅の電話番号を学生に伝える必要が生じることもありますが、基本的には大学が発行するメールアドレスを使い、研究室の電話で学生とやりとりをするのが望ましいでしょう。

学生を何と呼べばよいか

事例　研究室において、学生の名前をどのように呼ぶのが適切でしょうか。「親しき仲にも礼儀あり」ですが、あまりにフォーマルな呼び方は堅苦しく、よそよそしい印象を与えてしまいます。講義の履修者であれば、名簿に掲載されている姓を「さん」づけで呼ぶのが一般的でしょう。これに対して、自分の研究室に所属する学生については、すでにさまざまなことを知っている仲間です。親しみを込めてファーストネームやニックネームで呼んでよいのかという点が気になります。また、男子学生を「さん」で呼ぶべきか、「君」で呼ぶべきか、筆者はいつも迷ってしまいます。

　欧米の大学では、教員と学生が互いにファーストネームで呼び合うことは珍しくありません。しかし、日本の大学ではあまり一般的とはいえません。漢字の氏名をもつアジア系留学生の場合は、漢字の日本語読みで呼べばよいのか、それとも原語読みが望ましいのか、いつも迷います。王さんという学生の場合、「おうさん」と呼ぶべきか、「ワンさん」と呼ぶべきかという問題です。氏名が非常に長い場合は、どのように省略すればよいのか見当がつかないことがあります。

　筆者の場合は、自己紹介の際に「これからあなたを何と呼べばいい

ですか」と学生に確認することにしています。名前の呼び方は心理的距離感を表すので、公平性を保つために、特定の学生や目立つ学生だけをファーストネームやニックネームで呼ぶことはできるだけ避けるようにしています。学生は私に対して「〇〇先生」と呼んでいます。私は「さん」づけで呼ばれるのはかまわないのですが、学生は遠慮しているようです。

3.3　学生の心身の不調を早く見抜く

第2のリスクは、学生からの連絡が疎遠になってしまうケースです。研究室にも出てこなくなり、メールを送っても返事が来ないことがあります。これには学生が体調不良に陥っている場合、就職活動に忙殺されている場合、研究室にうまく適応できない場合、指導教員との距離感がうまくつかめない場合など、さまざまな原因があります。

そもそも、卒業論文を書くという行為自体が学生にとって大きなプレッシャーになる可能性があります。ほとんどの学生は、これまでの人生において何十枚という文章を一度に書いたことがありません。研究計画を立案し、実験や調査を行い、論理的に組み立てて書くという行為は、多くの学生にとっては人生ではじめての体験です。また、学生は健康管理や時間の管理について不慣れなことが多く、過信することや油断することもあります。

学生が心身不調な状態になるとさまざまな兆候が現れますので、ふだんから彼らをよく観察するようにしましょう。たとえば心身が不調になると、学生はゼミ発表や研究室で割り当てられた用務などにおいて同じミスを繰り返すことがあります。また、急に泣き出す、怒り出すなど情緒不安定になる、目がうつろになる、メールの返事がなかなか来ない、などの兆候があります。より深刻になると、論文を1行も書けなくなる、授業や研究室のミーティングを無断欠席、大学に来られなくなる、などの症状がみられます。

学生がこのような状態に陥ったときに教員が厳しく叱責しても、むしろ状況を悪化させてしまいます。様子がおかしいと思ったら、早めに教務学生担当職員、学生相談の専門家、同僚教員などに相談しましょう。むろん、学生の体調は個人情報なので、プライバシーの取り扱いには十分に注意しなければなりません。

4 アカデミック・ハラスメントを未然に防ぐ

4.1 背景には権力構造がある

　これまで個別面談は密室で行われることが多く、いわゆる「アカデミック・ハラスメント」の温床になりやすいと指摘されてきました。アカデミック・ハラスメント（以下、アカハラ）とは、「研究教育の場における権力を利用した嫌がらせ」と定義されています（アカデミック・ハラスメントをなくすネットワーク 2004, p.1）。学生に嫌がらせをしようと思って大学教員になった人はいないはずです。しかし、現実には学生側が教員から嫌がらせを受けたと認識している事例が多くあります。どうすればこうした事態を未然に防ぐことができるでしょうか。

　アカハラが発生する基本的な背景として、指導教員と学生の間には明確な権力構造が存在することを教員は知っておく必要があります。指導教員は学生の学位審査に関する権限を有しています。それだけでなく、指導教員は卒業判定や大学院進学の合否判定、時には就職においても影響力をもつことがあります。このことは、教員は対等な立場で学生と意見交換や議論をしているつもりでも、あるいは親切心からアドバイスをしたつもりでも、学生はそれを威圧・強制されたと受け取る可能性があるということを意味します。

4.2 個別指導を密室化しない

　アカハラを防ぐうえで重要なことは、研究室で受け入れている学生がどのような気持ちを抱いているか、どのような精神状態にあるか、研究室内の人間関係はどうなっているかなどについて、指導教員がふだんから注意を払うことです。ハラスメントを受けている学生は何らかの兆候を出しているといわれています（井口ほか 2012）。研究指導に対する教員と学生の感じ方には差があるという前提に立ち、学生が居心地の悪さや不快感を抱いている場合には、これを早めに察知することが必要です（御輿 2007）。そのためにも、学生との日常的なコミュニケーションが欠かせません。

　基本的には学生を、感情をもった一個の人格として尊重し、一人ひとりの特性に応じてどのような接し方が適切なのかを慎重に考えることが重要です。たとえば、指導教員に会うたびにあいさつ代わりに「研究は進んでいますか」「論文は書けましたか」「いつ発表しますか」と繰り返し聞かれると、デリケートな性格の学生は、自分が人間ではなく、機械のように扱

われていると感じるかもしれません。

　時と場合によっては、学生を叱責せざるをえないこともあるでしょう。こうした場合は、学生個人の人格とは切り離して、研究の内容に特化して、何が問題なのかを具体的に指摘しましょう。また、長い時間をかけて繰り返し叱責しないことが肝要です。メールなどの文字情報で学生を叱責するのはできるだけ避けましょう。文字情報は学生が感情を自由に付加して読み取る恐れがあるからです。

　また、個別指導は密室化しないことが望ましいでしょう。このことは教員自身をアカハラの冤罪や誤解から守ることにもつながります。なかには、精神的に不安定になって予期せぬ行動を起こす学生もいます。学生に厳しい注意を促すことが必要な場合や、学生からの申し出を断らなければならない場合などは、それによって学生との関係性が悪化する可能性もあります。そういう場合は、学生の了解のもとに他の教員にも立ち会ってもらうなど、信頼できる第三者を介在させてもよいでしょう。

これもハラスメント?

事例　筆者は片耳の聴力が弱いため、学生にもそのことを正直に話して、「発表の際などは、できるだけはっきりと、大きな声で話してください」とふだんから伝えています。ところが、学生のなかには滑舌が悪いなどの理由で、発表の際などに何を話しているのか聞き取りにくいことがあります。社会経験の少ない学生は、公の場で発表する際も、仲間うちで話すときと同じようにボソボソ話すからでしょう。そうした場合は、「もう少し口を大きく開けて、はっきりと話してください」と繰り返し呼びかけるようにしています。

　ところが一部の学生からは、こうした注意がプレッシャーとなって、かえって発表がしづらくなってしまうという意見がありました。「研究の内容よりも、声が小さいことばかりを指摘されてやりにくい。何も言えなくなってしまう」と指摘され、驚いたことがあります。「はっきりと話しなさい」というメッセージが、学生には一種のアカハラのように映ったのです。教員がごく当たり前と考えるような助言でも、学生にとってはハラスメントになりうると知った一件でした。以来、いくら正しいと思っても、同じメッセージをしつこく言わないように気をつけています。

第4部

集団指導の効果を高める

10章

学生の協働を促す

1 学生の協働とは

1.1 研究室における学生の協働を促す

　本章では、研究室において学生同士の協働的な学びを促す方法について取り上げます。Lindgrenは、教授者と学習者の関係を四つのパターンにまとめています(図6)。研究指導では、AやBのパターンになりがちです。しかし、CやDのようなパターンも取り入れることで、研究室での学びを学生同士で補完し合い、高め合うことが可能になります。その方法は大きく分けて二つあります。

1│研究活動において協働を促す

　一つは日常の学習・研究活動に協働を取り入れる方法です。研究室の学生が多いと教員が個別に指導することは困難になります。学生同士が協働し、ともに学び合う関係をつくることができれば、より大きな研究成果を期待することができるでしょう。協働するなかでコミュニケーションやチームワークのスキルといった社会人に求められる基礎力も鍛えること

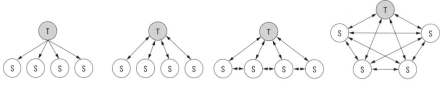

A 教員から学生への一方向　　B 教員─学生間の双方向　　C 教員─学生、そして　　D 教員と学生、そして
　　　　　　　　　　　　　　　　　　　　　　　　　　　　　一部の学生間の双方向　　全学生間の双方向

図6　教授者と学習者の関係(出所　Lindgren 1956)

ができますし、相互評価を取り入れることで互いに切磋琢磨しながら研究を進めることもできます。同じ学年の学生だけでなく、他の学年、学部学生と大学院生など、タテの関係も上手に活用することができれば、先輩が後輩を指導するといった文化もつくることができるでしょう。

2 | 研究室運営において協働を促す

　研究室には日常の研究活動だけでなく、研究室そのものを円滑に運営するための活動があります。たとえば、研究室の活動を外部に発信する、次年度の学生募集を行う、合宿やイベントを企画するといったものです。これらについても学生同士で考えさせ、実際に運営の一部を任せることによって、より一体感のある研究室をつくりあげることができます。

1.2　学生が協働して学ぶことの意義

　他者の助けなしに1人で学習することは難しいけれども、他者との共同作業のなかであれば学習できるという学生がいます（ヴィゴツキー　2001）。特に異なる成熟度をもつ学生同士の協働は、その協働度合いによって「模倣」「指導あるいは徒弟」「足場かけ」といった関係性のなかで学習効果をもたらします（図7）。このことは実際に研究室教育の実践現場においても

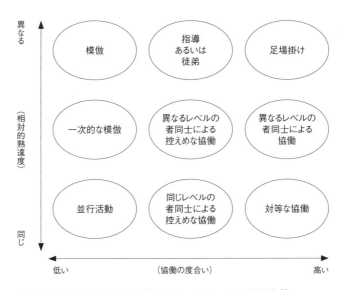

図7　協働的な関係性が意味するもの（出所　Granott 1993、p.187を参考に作成）

確認されています (西野 2016)。すなわち、研究室における学びにおいても積極的に学生同士の協働活動を取り入れることにより、個人では得がたい学習成果の獲得を促すことができると考えられます。研究室において協働活動を取り入れる具体的な効用には次のものがあります。

1 | 知識・理解を促進する

　学習過程に学生同士の学び合いを取り入れることが学生の知識獲得や理解を促進することは、多くの事例や研究成果が示しています (杉江ほか2004)。一つの目標に向かって高め合う関係性を学生間でつくることができれば、教員−学生間のみの教授・学習関係以上に学習成果を得られることでしょう。より高度な知識の理解と活用が求められる研究室教育では、特に重要な効果といえるのではないでしょうか。

2 | 技能や態度に良い影響を与える

　協働を取り入れることは、知識の理解を促すだけでなく、汎用的技能を高め、態度・志向性にも影響を与えます。「汎用的能力の修得」や「態度・志向性の修得」に関していえば、全国の大学教員の8割以上が研究室単位の少人数教育を有効であると回答しています (図8)。また、伏木田ほか (2011) は、ゼミにおける学生の共同体意識と汎用的技能の向上に対する実感に正

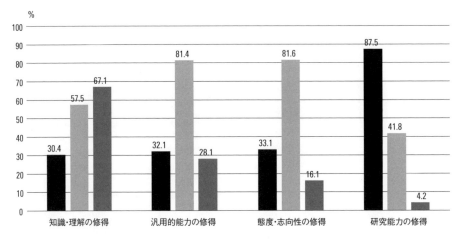

図8　指導形態による修得能力のちがい
（出所　東京大学大学院教育学研究科大学経営・政策研究センター 2012、p.6を参考に作成）

の相関があることを示しています。ゼミにおける協働作業で培われた技能や態度・志向性は、就職活動や卒業後の生活にも活かされることになります（西野2016）。

3｜居場所となる

協働的な活動は学生同士の関係性を強くします。学生同士の関係性が強い研究室は、教育の場としてだけでなく、学生の居場所として機能するようになります。サークル活動や他の授業で仲間をつくることができていない学生にとって、研究室で得られる学生同士の関係性は学内で生活するうえで重要です。就職活動では先輩からのサポートを受け、同期で励まし合い、後輩にアドバイスをするといった行動がみられることもあります（西野2016）。

2　学生同士の協働を促す方法

2.1　協働を促す方針を立てる

学生同士の協働を促す第一歩は、研究室の方針を定める際に、協働作業を大切にしていることを明記することです。具体的には次のような方法があります。

1｜学生募集要項や研究室の紹介文に取り入れる

研究室で毎年学生を募集する際の募集要項や紹介文に記載します。その文章の中に、研究室活動に協働作業を取り入れていることや、求める学生像として積極的に協働する姿勢があることを明記します。こうすることで、協働しながら学ぶことに価値を見いだす学生を受け入れることができ、協働に基づく研究活動をより円滑にすることができます。

2｜シラバスに記載する

研究室の募集要項などが存在しない場合でも、研究室活動に該当する科目のシラバスに、協働作業の存在を明記することはできます。シラバスの中に、協働作業を通じて学ぶこと、協働力そのものを高めることも学習目標の一つであることなどを記します。

3 | 実用的なガイドラインで示す

研究室の学生に対するオリエンテーションでは、シラバスをより具体化したガイドラインを配付することもできます。このガイドラインの中で、協働作業を取り入れる目的、協働作業を円滑にするためのルールなどを明記することもできます。たとえば、以下のように書くことができます。

- グループ活動において自分の役割を見つけ、チームの成果に貢献する。
- 相手の考えを理解しようと努力し、自分の考えを理解してもらえるように努める。
- グループ内の空気に流されすぎない。「おかしいことはおかしい」と言って有効な議論をする。
- 困ったときは、なるべく早い段階で相談する。ひとりで抱え込まない。
- ヨコのつながりだけでなく、タテのつながりも大切にする。先輩や後輩に話しかける。
- グループ内における貢献度、学生間の評価を卒業研究の評価指標として取り入れる。

2.2　研究活動に協働を組み込む方法

1 | 発言しやすい環境をつくる：ブレイン・ストーミングの活用

ブレイン・ストーミングとは、ある課題について議論をする際に、文字どおり、参加者の頭の中に嵐が吹き荒れる状態となるくらいに、みんなで多くの意見を出し合うことです。どんな発言でも歓迎することが基本です。意見の質や水準は問いません。何を言っても自由ですが、唯一のルールは他者の意見を批判してはいけないということです。

ブレイン・ストーミングの効用は、他者がどんな考えをもっているか、およびどんな論点があるかを俯瞰する手がかりになることです。特に、発言が苦手なタイプの学生や自信のない学生にとっても、気軽に意見を表明しやすく、また他人の意見を得やすい、といえます。教員は学生の意見に対して「それはおもしろいね」と見守るスタンスでコメントし、特定の意見に肩入れすることは避けて、できるだけ中立的な立場を保ちましょう。ただし、議論が煮詰まったときには、「こんな考え方もあるんじゃないかな」と水を向けると効果的かもしれません。

2 | 批判的思考力を高める：ピアレビューや査読討議法の活用

　ピアレビューの本質は、他者を評価することによって、自分自身の書く力をつけることにつなげるという点にあります。ピアレビューとは本来的には同業者である研究者相互による論文評価（査読）のしくみを指します。ピア（同僚）を学生間と仮定すれば、「書かれた内容についての学生相互の評価」という意味になります。内容をさらにブラッシュアップするためには、評価者は発表者に対していかに建設的なコメントを提供できるか、発表者はそのコメントを受けていかに改善できるかという力量を問われます。

　査読討議法は、学会における査読プロセスを学習活動に取り入れるものです（赤堀1997）。学生自身に事前準備をしっかりさせることで、個々の学習をより確かなものにすると同時に、学生相互の意見交換を通じて、批判的思考力を高めることができます。

　まず全学生に対し、事前に課題論文を配付します。そして研究として評価できる点、問題点、改善のためのコメントを考えてくるよう指示します。あわせて発表担当者を選んでおき、最初に20分程度で要約発表させます。その後の時間は参加者全員が査読者になったつもりで討論を行います。授業後には「自分のコメント以外で、最も良いと思ったのは誰の査読コメントか。それはなぜか」を記述させます。学期末に「今回取り上げた論文の中から学会賞を出すとすればどれがよいか。理由を添えて推薦せよ」という課題でレポートを書かせることもできます。

3 | 議論の質を高める：ディベートの活用

　研究室教育の一環として、あるテーマについて学生同士に討論をさせることもあります。しかし、一部の学生しか議論に参加しない、批判的な意見が出てこない、議論が深まらないといった悩みを抱えることもしばしばです。そのような場合に有効な教授技法がディベートです。

　ディベートとは、表7に示すとおり、あるテーマについて肯定側チームと否定側チームに分かれて立論→質問→反駁を交互に行い、論理的な説得力について審判チームが審査したうえで勝敗を下すゲームです。肯定側チーム、否定側チーム、審判チームの編成は個人の主義主張とは関係なく決められます。

　ディベートをうまく取り入れるポイントはいくつかあります。第1は、テーマを学生に選ばせることです。自分たちで考えさせてもよいでしょ

表7　ディベートの一般的な進め方（数字は順序を表す）

肯定側チーム	否定側チーム	審判チーム
①立論		
③質問への回答	②立論への質問	
	④立論	
⑤立論への質問	⑥質問への回答	
	⑦第1反駁	
⑧第1反駁（相手の主張への反論）		
	⑨第2反駁	
⑩第2反駁		
		⑪判定協議
		⑫判定結果の発表と判定理由の説明

う。自分たちでテーマを選ぶことによって、学生はより熱心にディベートに取り組むようになります。第2は、チーム内で役割分担をさせることで、準備から本番にかけてフリーライダーの発生を防ぐことができます。第3は、第三者に審判をさせることです。ディベートではチーム間の口げんかのようになってしまうこともあります。あくまでも、第三者を説得するために、相手チームと建設的な議論を展開することが重要であると学生に伝えましょう。第4は、試合後の振り返りとフィードバックの時間を大切にすることです。ディベートすること自体が目的なのではなく、ディベートを通じて何を学んだのかを確認します。はじめはうまくいかなくても、繰り返し行うなかで、学生たちは建設的な議論ができるようになっていきます。

4 | チームで目標を達成する：プロジェクト活動の推進

　限られた時間のなか、チームで目標を達成することは、社会においても求められます。研究指導に協働活動を取り入れることで、学生に仕事の疑似体験をさせることができます。プロジェクト活動はその一つです。目標を定め、計画を立案し、限られたリソースのなかで、多様な人と協力し合いながら実行し、結果を振り返るというプロセスをたどります。先を読み、予

想外の事態に対処する力を鍛えることで、仕事の疑似体験をすることにつながります。

　プロジェクトを進めるうえで必要なプロセスは教員から伝えますが、具体的な内容については学生に考えさせます。そして定期的に、プロジェクト活動について振り返る時間をとります。そうすることによって、教員が指導しなくとも、自律的にプロジェクト全体が改善に向かうようになるからです。

　具体的な振り返りの技法には、比較的容易に用いることができるものとして、KPLT分析があります。KPLT分析では、1枚の用紙を四つに分割し、チームメンバー全員にプロジェクトの進捗を振り返らせ、「Keep（良い点）」「Problem（悪い点）」「Learn（これまでの過程で学んだこと）」を書き出させます。最後にそれらをふまえたうえで「Try（次の目標）」を書かせ、プロジェクトを改善に導くのです。学生が気づいていないポイントもあるため、教員も学生が作成したKPLT分析を確認してコメントします。必要に応じて修正させるとよいでしょう。

3　研究室の運営に学生を参画させる

3.1　学生に役割を与える

　研究室の運営に学生を参画させるための第一歩は、彼らに役割を与えることです。役割をもつことにより、研究室運営に主体的に参画できるようになります。たとえば、図9のような組織図を考えてみましょう（川口1983）。

　研究室運営における学生の組織には、プロジェクト別組織、機能別組織、マトリクス別組織に大別されます。プロジェクト別組織では、研究テーマ、あるいはプロジェクトごとにチームをつくり、チーム内で具体的な役割分担を決めて動かします。機能別組織では、研究室の活動をインターネットやSNSを用いて外部に発信する広報班、学生募集から面接などまでの企画運営をする採用班、合宿やコンパを企画するイベント班、勉強会を企画する自主ゼミ班などをつくります。執行部は各班のリーダーで構成されます。プロジェクトや機能によるタテ割りの弊害を少なくするために、プロジェクト別組織と機能別組織を合わせたマトリクス型組織をつくることもあります。

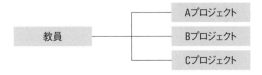

プロジェクト別組織

機能別組織

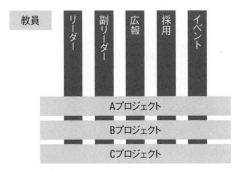

マトリクス型組織

図9　研究室運営における学生の役割

3.2　行事を学生と企画する

　研究室の年間行事の企画や運営に学生を巻き込みます。たとえば、定期的なコンパ、合宿、OB・OG会、合同ゼミなど、さまざまなイベントを学生に企画させます。イベントを企画するためには、他者のことを考え、他者と協力しながら、計画的に物事を進めていかなければなりません。イベントを企画することそのものが、学生にとっては社会性を身につけるための良い学習機会になり得ます。「参加費が高いといわれる」「参加者が集まらない」「予定どおり進まない」「みんなが協力してくれない」など、さまざまな壁にぶつかることでしょう。どうすればそういった問題を解決できるかを

学生たち自身に考えさせてみましょう。

3.3　学生募集に参加させる

　研究室への学生募集に上級生を参加させるという方法もあります。具体的には、研究室の紹介文書あるいは紹介パンフレットを学生に作らせる、説明会の一部を学生に任せる、選考過程で学生にも意見を求める、などの方法があります。

　上級生から提供される情報は、将来所属する研究室を探している学生にとっても説得力があります。先輩学生のプレゼンテーションを見て、こんな先輩になりたいと思い、同じ研究室を志望する学生もいるでしょう。彼らの関係性や雰囲気に惹かれて志望する学生もいます。教員が選考過程において見抜けなかった学生の特徴を上級生が見抜く場合もあります。

4　協働を促すための研究指導上の工夫

4.1　教員が適切に介入する

　学生間の協働を促すうえで難しいことは、教員としてどの程度介入すべきか、ということです。何もしなければ協働が進まず、思った成果を得られないことがあります。かといって介入しすぎると学生の能動性を損ない、場合によってはアカデミック・ハラスメントやパワー・ハラスメントにつながることもあります。学生の主体性を尊重しながらも協働を促すための工夫をいくつか紹介します。

1 ｜ 大切な点を繰り返し伝える

　協働するうえでのポイントを教員から繰り返し伝えます。たとえば、自分自身がチームに対して貢献できることをつねに考えること、メールやSNSといったオンライン上のコミュニケーションツールだけに頼らず積極的に対面コミュニケーションをとること、一人ひとりの特徴に合わせた役割分担をすること、計画を立案し修正しながら進めること、ひとりで悩まず他人に相談することなどです。

2 ｜ 報告・連絡・相談を徹底させる

　報告・連絡・相談は社会人として仕事をするうえで最も基本的なコミュ

ニケーション方法であり、研究室における協働活動においても重要です。進捗状況の報告や、情報の共有、うまくいかない場合の相談などを教員に随時行うよう伝えましょう。

3 | チームへの貢献度を自己評価させる

活動の振り返りの一環として、個々のチームへの貢献度を自己評価ないしは他者評価する方法もあります。得点化して、その理由を述べる場合もあれば、良かった点と改善したい（してほしい）点を共有する方法もあります。評価を通じて少しずつでも協働の水準を学生自身に上げさせることが重要です。

統制型指導か放任型指導か

事例 ある大規模私立大学の社会科学系学部の鈴木先生（仮称）から聞いたお話です。鈴木先生は研究指導にとても熱心で、緻密な教育計画を練り上げ、学生を叱りとばしながら鍛え上げていく統制型の指導方針をとっていました。ある年の卒業パーティーで同じ学部の佐藤先生と研究指導の方法について話すなかで、佐藤先生（仮称）が全く逆の放任型指導をしていると聞いて鈴木先生はうらやましく思いました。なぜならば佐藤先生の研究室の卒業生は自律的でのびのびと学ぶ優秀な学生が多かったためです。

放任主義の方が学生は育つのかもしれないと考えた鈴木先生は、自分の指導方針を転換しました。叱る量は極力減らし、学生にあまり関与しないようにしたのです。半年間、鈴木先生は我慢しました。その結果、どうなったのか。学生は鈴木先生が思ったほど成長しませんでした。むしろ積極的に関与していたこれまでの指導方法の方が、学生は成長したと感じていました。そうなってしまった原因は、教員の指導観と学生の学習観の相性にありました。

佐藤先生は研究室の学生募集の段階から、放任主義であることを標榜していました。教員の関与はできるだけ少なくし、学生が自律的にプロジェクトを進めていく指導方法をとっていることを周知していました。研究室の紹介をしていた先輩学生たちも、自由気ままな雰囲気をもった学生たちでした。結果的に、そのような先輩に好印象をもち、もともと自律的に学びたいと考えていた放任を是とする学生が佐藤研究

室に応募し、自分たちでプロジェクトを企画・運営して学んでいったのです。

　一方で鈴木研究室は、緻密な教育計画のもと厳しく指導していくことを周知する募集活動をしていました。鈴木研究室の先輩も、そのような指導方針の素晴らしさを後輩に語っていました。その結果、先生に積極的に指導されることによって、自分の学生生活をやり直したいと考える他律的な学生が鈴木研究室に応募していました。そのような厳しい指導を求める学生に対し、鈴木先生が途中で放任主義をとった結果、学生の学習ニーズと教員の指導方法にギャップが生まれてしまい、思うように学生が育たなかったというわけです。

　統制型指導がよいか、放任型指導がよいかは、学生がどちらの指導方針を求めているかによるということを考えさせられた事例でした。

4.2　少しずつ成功体験を積ませる

　協働することに関して苦手意識をもっている学生、協働作業にうまくついていけない学生がいます。発言ができない、何をしたらいいかわからないという学生です。そういった学生には、まずどんな小さなことでもよいので、チームに貢献できそうなことを考えさせ、できそうなことから始めさせます。大事なことは、協働をあきらめさせるのではなく、小さな成功体験を積ませることによって、少しずつ協働することに対する自信やスキルを高めさせることです。

4.3　先輩・後輩関係を活かす

　研究室における学生の協働は、同じ学年の学生同士のみのものではありません。先輩や後輩を巻き込んで協働させることもできます。ここでは先輩・後輩関係を活かした協働のポイントを四つ示します。

1 | 模範を示してもらう

　先輩の事例は後輩にとって良い模範になり得ます。卒業論文のプレゼンテーション用スライド、発表レジュメなどは後輩の学生の目標になりえます。過去の成果物を見せるのも効果的です。また、先輩学生のプレゼンテーションやディスカッションの様子を、後輩学生に見学させることも有益です。具体的な先輩学生の事例は、後輩学生にとって最も参考になる教

材の一つです。

2｜研究上の支援をしてもらう

　事例を示してもらうだけでなく、直接支援してもらう方法もあります。たとえば、研究発表の場で先輩学生にアドバイスをしてもらう、グループ活動に対してアドバイスをしてもらうなどです。留意点は、指導してもらう前に、教員の指導方針を先輩学生に伝えておくことです。教員の指導内容と先輩学生のアドバイスが食い違うことで、後輩学生が混乱してしまうことを未然に防ぐためです。

3｜社会性についてアドバイスしてもらう

　高校までとはちがい、大学生活では社会人と接する機会も増えます。年齢が同じヨコの人間関係だけでなく、年齢が異なるタテの人間関係もつくれるようにならなければなりません。研究室は、そういったタテの関係が学べる貴重な場でもあるのです。「親しき仲にも礼儀あり」「慣れても、狎れない」など、社会人としての人間関係を先輩－後輩関係を活かして教えるのは効果的です。

4｜インフォーマルな相談にのってもらう

　研究室における先輩・後輩が交流する機会は、研究や学びの場だけではありません。コンパや合宿などは、研究や学習を抜きにして率直に話せる交流機会としても有益です。こうした場では、学生は教員には相談しにくいようなインフォーマルな悩みを先輩学生に相談することができます。

11章

読む訓練をする

1　読書習慣のない大学生をどう受け止めるか

1.1　読書は研究への第一歩

　良質なアウトプットをするためには十分なインプットが必要です。研究を行うには、さまざまな文献を読みこなし、それらの内容を的確に把握し、自分の研究関心にとってどのような示唆を得られるかを多角的に検討し、研究関心をブラッシュアップしていく作業が欠かせません。いうまでもなく、この作業は文系・理系のちがいや理論系・実験系のちがいにかかわらず必要です。

　ここに大きな問題が存在します。今日の大学生は必ずしも「読む」という行為の習慣づけができていないということです。日本では大学生の1日の読書時間は平均28.8分であり、読書時間ゼロと回答した学生が全体の45.2%に達しているという報告があります（全国大学生活協同組合連合会、2015年の調査）。つまり、大学生の約半数は日常的に読書をしていないということになります。読書の習慣は主体的に学ぶうえでの第一歩と考えるならば、これほど多くの学生に読書の習慣がついていないことを見過ごすことはできないでしょう。

　海外に目を向けてみれば、アメリカのエリート大学においても、学生の大多数は授業で課された宿題をそつなくこなし、とりあえず良い成績を収めようとする傾向が顕著だという指摘があります。「大学を、自ら選ぶ、自らのための、知的発見と成長の壮大なプロジェクトだと考えている学生はごくわずかだ」（デレズウィッツ 2016）という指摘が示唆しているのは、基礎学力の高い学生であっても、必ずしも主体的に課題を探求して学ぶ習慣が身についているとは限らないということかもしれません。

1.2 スマホ依存の生活は難解な文章を遠ざけがち

　読書習慣が十分に定着していない学生に対して、読書の意義や価値を伝えるにはどうしたらよいでしょうか。近年では「クリティカル・リーディング」の重要性が提唱され、思い込みや偏見にとらわれず、読書を通じて複眼的な視点から思考することが大事だといわれています（大出 2015）。しかし現実はもっと深刻です。そもそも本を読んでいないので、思い込みや偏見すらもっていない学生が少なくありません。大学教員としては、学生は基本的な読書スキルを身につけていない可能性があるという認識をもっておく必要があるでしょう。

　ネット環境のなかで生まれ育った現代の大学生は、記事の中で関心のあるところだけを広く浅く読みかじることに慣れています。現代では新聞やテレビだけでなく、スマートフォンなどのインターネット媒体を通じて、容易かつ無料でさまざまなニュースに接することができます。そのメリットは、短い時間で見出しを一覧することが容易な点です。一方で、スマートフォンの小さな画面は長い社説や論説、書評などを読むことにはあまり適していません。つまりスマートフォン依存型の生活に慣れてしまうと、便利な半面、複雑で難解な文章を無意識のうちに遠ざけてしまう可能性があるのです。

2　読書習慣のない学生にどう読ませるか

2.1　何を読んだらよいのか

　では、読書の習慣づけができていない学生に、読むというトレーニングをどのように積ませればよいでしょうか。多くの学生にみられる「何を読んだらよいのかわからない」という現象は、何よりもまず、巷に氾濫する印刷・出版物に圧倒されて立ちすくんでいる状態を表すものといえるでしょう。まずは、次のような方法を試してみてはどうでしょうか。

1｜新聞記事

　たとえば、新聞記事の中で自分の分野に関する問題がどのように取り上げられ、どのような論点が存在するのかを調べさせて、研究室ミーティングで報告させてみてはどうでしょうか。新聞記事の文章は論文や本よりも短いうえ、見出しやリード文があるので、要点を把握しやすい構造になっ

ています。しかも高校までに教材としてよく利用した経験があるため、読書の習慣がない学生にとっても比較的ハードルが低いでしょう。記事に限らず、社説や書評を読む習慣をつけさせる契機にもなります。

2│専門分野の入門書や古典

専門分野に関する入門書や古典を学生に紹介して読ませるのも効果的な方法です。どの分野にもスタンダードとなっている名著があることでしょう。学生は今日的な課題に飛びつきたがるものですが、それぞれの専門分野の学問的なミッションや出発点がどこにあったのかを学生に認識させることも重要です。入門用の文献として適しているのは、読みやすくて、おもしろく、分量が多すぎないものです。各出版社が出している新書には、そうした入門用の良書がたくさんあります（岩波新書、中公新書など）。

3│学位論文のバックナンバー

学部・学科において、これまで卒業論文や修士論文でどのようなテーマが取り上げられてきたのかを紹介するという方法もあります。図書館や資料室にある過去の卒論や修論を学生に探索させて、自分に関心のあるテーマについて報告させるとよいかもしれません。学生にとっては、先輩学生が作成した論文は身近な達成目標として実感できることでしょう。

4│参考文献

書籍や論文の末尾に載っている参考文献リストをもとに、多くの研究者が紹介・引用している文献について探索するように学生に伝えましょう。一般に、「専門分野内で多くの人に読まれている文献は信頼性や重要性が高い」と考えることができます。そうした文献は、大学の図書館や電子ジャーナルにも広く所蔵されているはずです。図書館では情報検索などについてのセミナーがたびたび開催されていますが、そうした案内に学生は気づいていないことがありますので、教員からも伝えるのが効果的でしょう。

5│図書館の蔵書

学生にとって本は高価です。必要な文献をすべて自分で購入する必要はないので、学内外の図書館を積極的に活用することを勧めましょう。ただし、図書館の本を利用する際には、学生が丸ごとコピーをしないように

十分に注意を促す必要があります。教員が何も言わないと、学生は丸ごとコピーをする可能性があります。日本の著作権法ではどんなに多くてもコピーは全体の半分以下しか認められません。このことは、他者の知的成果を利用する際には敬意と対価を払うことが前提となっていることを意味します。

2.2　どのように読んだらよいのか

　読むのに時間がかかり、要点をつかむのが苦手な学生も少なくありません。書かれているすべての情報を頭の中にインプットしようとすると、結果的に情報がオーバーフローして、全体として何を言っているかを把握できなくなってしまうことがあります。そうした学生には重要な情報を抽出し、不必要な部分を捨てる習慣をつけさせることが必要となります。大学教員が学生によく伝えるメッセージは、著者の言うことを鵜呑みにしないように多面的かつ批判的な読み方をしようというものですが、こと読書に不慣れな学生の場合は、著者の主張を迅速かつ的確に把握することが先決でしょう。

1 | パラグラフ・リーディングの考え方を伝える

　こうした学生には、たとえば「パラグラフ・リーディング」の考え方を推奨してはどうでしょうか。パラグラフ・リーディングはいわゆるパラグラフ・ライティングの映し鏡ともいうべき考え方です。パラグラフ・ライティングとは、最も重要な文（いわゆる「トピック・センテンス」）を段落の最初に提示して、これを補足説明する内容を以下で述べるという手法です。トピック・センテンスは段落内でまとめの役割を果たしており、より原理的な説明を行っている文です。重要なメッセージを最初に示すことによって、読者がこれを読み落とすのを防ぐことができます（詳しくは12章を参照）。

　この考え方をパラグラフ・リーディングに広げて考えると、段落における各文の重要度は一様ではなく、ていねいに読まなければならない部分と、飛ばし読みが可能な部分があるということになります。日本ではパラグラフ・リーディングという考え方は英文読解などの場面で説明されることが多いのですが、日本語の文献を読む場合でも原理は変わりません。ただし、日本語の文献では最も重要な文がパラグラフの冒頭に来ないことや、そもそもパラグラフ内に明示されていないことも多いので、どれがトピック・センテンスなのかを全体の文脈からよく見極める必要があります。

2│パラグラフ・リーディングを実践させる

　パラグラフの中で最も重要な文を発見できたら、読むスパンをだんだんと長くしていきます。各節（あるいは小見出しで区切られた部分）の中で最も重要なパラグラフはどこか、さらには各章（あるいは各論文）の中で最も重要な節はどこかを学生に考えさせてみましょう。そのような読み方は、実は高校までの国語教育で、あるいは大学受験対策として教えられる「評論」の読解法とかなり共通しています。しかし、それが学生たちの習慣になっているとは限りません。少ない時間で効率的に文献の要点を把握するには、こうした習慣づけが有効だということを学生に伝えましょう。

　実際に文献を読む際には、どれが重要な文（トピック・センテンス）や節に相当するのかをマークしておく必要があります。読書習慣が十分に定着していない学生にとって、あまり複雑で高度な記録方法は適していません。それ自体が高いハードルとなってしまうからです。自分で買った本あるいはコピーならば、トピック・センテンスに線を引く、あるいはページの角を折るなどの作業で十分です。図書館から借りた本ならば、簡単に抜け落ちないように長めに切った紙片（しおり）を挟むという方法で代替できます（線を引いたり、付箋シールを貼ったりしないように学生に伝えましょう）。

　こうすると、後から自分がマークした箇所だけを読み直せば、要点を効果的に把握することができます。メモを残しておきたい場合は、ノートやカードに書き留めるという古典的な方法のほか、タブレットのメモ機能を利用する方法、自分宛にメールする方法などがシンプルで効果的です。メールの題名に文献名を入れておけば、スマホでもパソコンからでも検索可能です。データベースソフトなどは、購入にはお金がかかりますし、使いこなすのに時間がかかりますので、大学院生などの上級者向けだといえるでしょう。

3│図表を適切に読み取らせる

　文献の中に図表がある場合、そこに込められた著者のメッセージを正確かつ適切に読み取る必要があります。表の特性は、要素ごとの属性や分量を一覧表示して、文字や数字で相互比較を容易にすることです。著者はこれらの内容を文章で逐一表現するよりも、表を用いてどの部分を強調しようとしているのか、どのような効果をねらっているのかを学生に考えさせましょう。

　図は、文章や数字だけでは把握しにくい連続的なイメージを視覚で表現

する効果があります。図には、変数の関係性、ばらつき、偏り、割合、変化などについて、著者が注目している部分を抽出してデフォルメ（変形して強調すること）できるという特性があります。このように、著者が図表を文中でどのように活用・説明しているかを注意して読めば、これらを通じて著者が強調したいメッセージをおよそ把握することができます。

2.3　どのように活用すればよいのか

　読んだ文献を自分の研究にどのように活用すればよいのかわからないという学生もいます。こうした学生は、「勉強のための読書」から「研究のための読書」への移行に苦労しているのかもしれません。「勉強のための読書」が主として知識の吸収を目的としているのに対し、「研究のための読書」は既存の文献を通じて学生自身が取り組む研究の意義について多角的に検証することが目的です。

1│多様な立場、主張、解釈があることを認識させる

　「勉強のための読書」の状態にある学生は、読んだ内容を無条件に正しいものとして受け入れてしまいがちです。読書経験が浅い学生は、現実社会においても研究の世界においてもさまざまな立場と主張があり、同じ問題であっても立場や見方が異なればまったく別の解釈がありうるのだということをよく知りません。読んだ文献について批判的に論じなさいと学生に言っても、彼らは具体的にどうすればよいのか見当がつかないかもしれません。

　このような場合は、同一の課題についてどのような主張が存在するのか、その主張の根拠は何か、主張のちがいはなぜ生じるのかなどについて、学生に異なる立場（たとえば賛成側と反対側）に基づいて調べさせ、ゼミなどで発表させてはどうでしょうか。原子力発電を継続すべきか、死刑を廃止すべきか、移民を受け入れるべきかどうか、世界共通の課題となっている論点はいろいろあります。新聞や雑誌ではこうした論点について、複数の立場から識者の主張を並置している特集がありますので、そうしたメディアを活用すると効果的です。

2│論理展開の方法を学ばせる

　「研究のための読書」の本質は、文献全体の主題や構造を把握する点にあります。学術文献であれば、基本的には主題（thesis statement）が存在し

ます。主題とは読者に最終的に伝えたいメッセージのことであり、「〇〇は××である」というかたちで簡潔に表現されるものです。多くの文献において、主題は文献の要旨や結論部分に繰り返し明記されているはずです。この主題をつかむことが肝心です。

次に、学術文献である以上、主題を論証するための根拠が必要なので、「〇〇は××である。なぜならば△△だからである」という構造が文献から読み取れるはずです。△△の部分には論拠、データ、傍証などが入ります。こうすれば、〇〇が××であることを証明するのに、果たして△△の説明には合理性があるのかという観点から批判的に読み直すことができます。これはまさしく論文を書く際の作業と同じです。批判的に読むことの本質は「書くように読むこと」（福澤 2012）であり、「読むことと書くことは表裏一体」（同）であるといえます。

さらに、文献を読む際にはどのような独自性が存在するのかという点も重要です。つまり、「従来の研究では◎◎と認識されてきたが、この文献の独自性は▲▲を主張している点にある」ということを学生が把握できるかどうかが鍵になります。この段階に至ってようやく、読んだ文献の本質はどこにあり、それが学生自身の研究関心にとってどのような意義と関連性をもつのかを認識できるようになります。

2.4 文献をどのように活用すればよいのか

学生が読んだ文献の内容を自分のレポートや卒論に活用する際には、基本ルールを学生に周知する必要があります。基本ルールが存在する意味は、学術の世界においては先人の知的成果を尊重し、かつ自身の読者に対しても誠実であることが前提だということです。卒論指導の際に、少なくとも次の3点は周知する必要があります。

1 ｜ 信頼できる情報か

文献の著者、出版年、媒体が明確になっているかを確認する必要があります。書籍媒体と比較するとウェブ上の情報、特にウィキペディアなどの集合知は内容についての責任の所在があいまいになりがちです。

2 ｜ 引用は正確かつ必然性があるか

引用する場合は正確であることが求められます。学生が論文を書く際は、参考文献の主張に引っ張られやすいので、文献の著者の主張と学生自

身の意見が区別しづらくなることがあります。参照する場合は、どこからどこまでが引用した文献の内容なのかを明示し、学生自身の文章と区別するように伝えましょう。直接引用する場合は、かぎ括弧を付けるなど一字一句正確に記載することが必要です。もちろん、恣意的に手を加えること（改ざん）や、内容をでっち上げること（ねつ造）などは論外です。引用する際の分量は、必然性が認められる範囲内で最小限にとどめることが基本です。

3 ｜ 出所を明示しているか

たとえ学部生のゼミ発表や卒業論文であっても、文末に参考文献を掲載し、著者、出版年、論文名、雑誌名、巻・号、書名、出版社名あるいは発行者名、掲載ページなどの情報を明示しなければなりません。孫引きではなく、できるだけ原著にあたることが必要です。ウェブサイトから引用する場合は、リンク切れの可能性があるので、サイト名だけでなく、URLと最終閲覧日を明記することが必要です。

3　読む文化をつくる

3.1　読書会を企画する

研究室の構成員全体で文献を読む機会を設けることは、学生の読む力を育むうえで効果的です。授業の一環としての演習で文献講読を行う場合もあれば、授業とは別に任意で実施する場合もあります。扱う文献は教員が指定する場合もあれば、学生が研究関心に応じて選択する場合もあります。その名称はゼミ、文献講読、輪講、読書会、雑誌会、査読会、レビューなど、さまざまです。

研究室で文献を読む機会を設けることの意義は次のようなものです。第1に、研究室全体で共有すべき知識や情報が明確になります。第2に、研究室の共通課題として設定することで学生には責任感や義務感が生まれ、またある程度は仲間に頼れる心強さもあって、自分一人なら容易に読めない文献をなんとか読み通そうという気持ちをもつことができます。また、ふだんなら読まないような本を読む機会にもなります。第3に、同じ本を他人がどう読んだのかを知ることによって、他者の多様な解釈や価値観に触れ、自身の批判的思考を深めることができます。

3.2　読書会のルールを決める

　研究室で文献を読む際には、いくつかのルールを決めます。基本は、読んだ文献に敬意を払い、他者の意見を尊重し、自分の意見を相手にわかりやすく伝えるということです。そして、決められた課題文献を全員が事前に読んでくることが前提です。このため課題文献は事前に参加者に指定するか、あるいは配付しておく必要があります。誰が、どのタイミングで、どんな内容を発言するかは基本的に自由です。

　教員としてはオープンな議論を歓迎する姿勢を示すことが大事であり、参加者全員が発言することが望ましいといえます(山川と牧本 2014)。発言する際は表面的な感想ではなく、「なぜそのように考えるのか」を説明すること、他者の意見を否定してはいけないことを事前に学生に伝えましょう。

　みんなで文献を読む際は、特定の発表者やコメンテーターを決める場合もあれば、発表者を定めないオープン・ディスカッションの形式もあります。司会進行を教員が担当する場合もあれば、学生やティーチング・アシスタントに任せる方法もあります。発表者やコメンテーターを事前に決めておく方式では、責任の所在が明確になるので読書会を継続しやすくなる半面、「読んだふり」をして参加する学生が出やすくなるデメリットもあります。あまり発言をしない学生については、文献をどのくらい読んできているかを適宜確認するとよいでしょう。

　大量あるいは難解な文献を学生に読ませたいときは、ABD (Active Book Dialogue) という方法もあります。ABDでは一人ひとりの参加者に文献の担当パートを割り当て、その場で文章を読ませて要約を作成させます。要約ができたら、自分の担当パートの内容について、リレー形式でプレゼンテーションを行います。その後、全員で感想や疑問について話し合う機会をもちます。この方法の特徴は、他の参加者と協働することにより、自分だけでは読破することが難しい文献にチャレンジし、理解を深めることができることだといわれています。また、その場で全員が要約を行うため、全員が学習に参加できることも特徴です。

4　先行研究を読み解く

4.1　先行研究の論理をつかみ、要約する

　読書の習慣をつけ、どんな文献を、どのように読んで、どのように活用するかについての基本的な知識を得た後、学生はいよいよ自分の研究のために、実際に文献を集めて先行研究の特徴を整理する段階に入ります。先行研究を読み解き、その特徴を的確に表現するために、学生はどのようなスキルを身につけるべきでしょうか。

　卒業論文を書く際に学生が陥りやすい失敗は、先行研究を羅列して紹介するだけになってしまい、読者に退屈な印象を与えてしまうことです。羅列するだけでは先行研究が相互にどのような関係にあるのか、学生のやろうとしている研究課題にとって先行研究がどのような意味があるのかが読者にうまく伝わりません。

　学術文献を読む場合に重要なのは、「論理をつかむ」ことです。「論理をつかむ」とは文献の主題、根拠、独自性を把握することです。論理をつかむための読み方にはいろいろな方法があります。最も簡便な方法は、キーワードや要旨や図表に注目することです。文献の中で繰り返し語られているメッセージは何か、要旨の構成（目的、方法、結果）はどのようになっているか、キーワードはどのように表現されているか、文献において最も重要な図表はどれか、その図表は何を表現しようとしているかを学生に説明させるとよいでしょう。

4.2　科学論文の基本構造を伝える

　学術論文を読む際は枝葉末節にとらわれずに、骨組みを短時間で把握することが重要です。たとえば科学論文の基本構造は、一般にIMRaD（イムラッド）という言葉で表現されます。IMRaDとは、序論（Introduction）、方法（Methods）、結果（Results）、そして（and）、考察（Discussion）の頭文字を表したものです。この言葉が示唆するのは、どんなテーマの論文であっても、基本的な構造は変わらないということです。すなわち、序論では、問題提起と先行研究の整理を行います。方法では、理論的な枠組みや方法論に基づいて行った研究のプロセスを明示します（実験や調査など）。結果では、得られたデータや事実を整理して提示します。考察では、結果について自分なりの解釈や主張を行います（増田と坂口 2017）。学生には、読んだ文献ごとにIMRaDに基づいてメモを作成させるとよいかもしれません。

　同様に、医療系の研究論文ではPECOという読み方が提唱されています (対馬 2010)。PECOとは、Patient、Exposure、Comparison、Outcomeの略です。Patient(患者)は研究の対象となっている人を指します。どんな患者を対象とした研究なのか、どのような疾患をもち、どのような属性なのかといった点に注目します。Exposure(暴露)とは、Patientをどんな条件にさらしたのかという意味です。Eの代わりにIntervention(人為的な介入)という語を用いてPICOと表現されることもあります。Comparison(比較)とは、異なる暴露・介入をした場合との比較を意味します。Outcome(結果)は研究によってどのような結果や成果を得られたかということです。つまり、PECOの意図は、誰を対象に、何を操作し、その操作によってどんな結果が得られたのかを意識して読むということです。

　最終的には、各文献の要旨を把握するとは、文献の主題・主張(thesis statement)を一つの文で言い切れるようになることです。たとえば、「○○には△△の効果がある」「○○と△△は××の関係にある」という表現ができます。文献の要旨を長々と説明するようでは意味がありません。いかに端的に言い切るかというトレーニングを学生にさせましょう。

4.3　先行研究の真偽を問い直す

　先行研究の真偽を問い直す際には、次のような観点が存在するといわれています(クルーシアスとチャンネル 2004、pp.58-61)。これらが意味するところは、実証的かつ客観的に見える先行研究の主張にもさまざまな立場や前提やバイアスが存在し、それらを的確に読み解くことが重要だということです。論点を学生に要約させたり、言い換えさせたりするのが効果的でしょう。

・ある問題点について、議論している人の見解を理解できているかどうか
・議論の中心となっていると思われる言葉の意味は何か
・論点を支えている根拠は何か、根拠を裏付ける十分な証拠があるのか
・論点と根拠はどんな前提のうえに成り立っているか
・その議論が表している、あるいは含意している価値は何か
・どのようなアナロジー(類比)や比較を行っているか
・著者の意見に偏りはないか
・含意していることは何か

・議論が対立意見を考慮しているか（対立意見は効果的に再反論されているか）

4.4　先行研究の類型化と系統化を試みる

　先行研究の真偽を確認したら、その特徴を整理して説明することが求められます。まずは類型化を試みるように学生に勧めてみましょう。類型化とは、研究対象によるちがい、背景となる理論や仮説によるちがい、研究手法によるちがい、解釈のちがいなどをグループ別にまとめる方法です。

　およその類型化のイメージを書き出したら、次に系統化を試みることを学生に提案してみましょう。系統化とは、類型化した各グループの研究のルーツを探り、研究上の深化のプロセスを時系列に把握することです。同一の研究グループが年代順にどのような活動を行ってきたかをたどることによって、グループが発展しながら細分化していく過程、あるいは再統合される過程などを把握することができます。

　こうして類型化や系統化を試みることによって、それぞれのグループには研究上どのような到達点と未解決の課題（限界）が存在するかを学生に確認させるとよいでしょう。そこにはさまざまな研究上の葛藤やドラマがあったはずです。

4.5　「探す」「読む」「書く」プロセスについて教える

　先行研究を読み解いていく作業は、必ずしも、「文献を探す」→「入手した文献を読む」→「先行研究を整理して論文を書く」という単線的、一方的な流れではありません。図10は、上記の三つの行為の関係性を図式化したものです。論文を書くうえでの道筋は、先行研究を読んでまとめるという

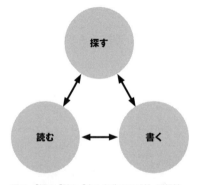

図10　「探す」「読む」「書く」行為の同時性、再帰性
（出所　大木 2013を参考に一部修正）

単純なプロセスというよりも、たとえばある程度書いた後で再び調べて読む、という再帰的・回帰的なプロセスをたどると考える方がより自然です。

　社会学者の佐藤郁哉は、リサーチ・クエスチョンや仮説の設定→データ収集→データ分析・仮説の検証というプロセスは各時期で完結するわけではなく、往々にして同時並行的に進行すると指摘しています（2015、pp.69-72）。データを先行文献に置き換えると、佐藤の指摘は図10の考え方とほぼ類似しているといえるでしょう。

12章

書く訓練をする

1　なぜ書くことが大事なのか

1.1　迷走する学生たち
　本章が想定するのは次のような状況にある学生です。

・ある程度定まった研究のテーマや計画をすでにもっている
・できるだけよい卒業論文を書こうと思っている
・しかし、いざ書き始めると迷走し頓挫する

　問題は、なぜ書き始めようとすると学生は迷走してしまうのかという点です。本章ではその問題を念頭に置きつつ、ではどうすれば書けるようになるかを論じます。そのうち本節では、本章でいう「書く」という行為について、なかでも論文を書くことについて、その意味や位置づけをあらかじめ定めておきます。

1.2　論文を書く＝書く＋考える
　まず、「論文を書く」ことの構成要素を、「『書く』ことそのもの」と「考えること」の二つに分けてみます。「『書く』ことそのもの」が表すのは、意味のある一まとまりの情報を、他者にも理解できるように、文字の連なりである語、語の連なりである文によって、あるいは段落・見出しなどの視覚的サインによって表示する行為です。卒業論文の場合、そこへ「論理的に」が付け加わります。そして「考えること」とは、このような「意味」「まとまり」や「論理」をつくり出すことです。
　学生が卒業論文を書くうえで、「書く」ことと「考えること」は、ほぼ一体

不可分といえるほど強く関連しています。実際、考えては書き、書いては考え、と絶えず往来しつつ論文は仕上がっていくものであり、そうした往来の過程を通じて、論文の質も書く技術も高まっていきます。

1.3　書くことは知識獲得の手段でもある

　大学で「書く」訓練の必要性を強調すると、そのことと専門知識・技術を教えることとの兼ね合いに、多くの教員が悩むかもしれません。書くことにも、日々生産・更新される専門知識・技術を学んだり教えたりすることにも、それぞれ相当な時間と労力を要します。そして、両者はいわゆるトレードオフ（二律背反）の関係にあります。

　そうした教員の悩みを払拭する策ではないものの、一つの対処法として、書くことを知識獲得の手段と位置づけることは可能でしょう。実際、書くことによって知識は体得されやすくなるといわれます。たとえば井下（2008）は、まず「書く力、考える力」を「ディシプリンでの学習経験を自分にとって意味のある知識として再構造化する力」と定義したうえで、書くという行為について、「学習者が『客観的情報としての知識』を『主観的経験を通した知識』として再構造化するプロセスを支援するもの」（前掲書、pp.6-7）と説明しています。つまり、専門分野の知識は書くことを通じてしっかりと身につくわけです。そうであれば、上述したような悩みもいくらか軽減されるのではないでしょうか。

1.4　書く訓練は大学の全課程に及ぶ

　書く（論文を書く＝アカデミック・ライティング）技術は、低年次に学んでおけば済むというものではなく、かといって卒業論文を書く頃になってから学ぶのでは苦しく、要するに学士課程のすべての段階を通じて学ぶべきものです。研究室で卒業論文の指導をするのは、その仕上げ段階だといえます。書く技術が大学の全課程に及ぶと考える理由は、主に三つあります。

　第1は、書く技術が大学における学習全般の支えであるということです。

　第2は、その習得に多くの手間暇（反復訓練）を要することです。そもそも入学前（高校まで）の習得レベルがおしなべて低いため、現在日本の大学ではレポート・論文の書き方指導が初年次教育の主要コンテンツとなっています（文部科学省 2017）が、それでもなお十分ではなく、高年次になっても一般に必須の学習・指導課題であり続けています。

　第3は、それが大学卒業後に研究職以外の職業に就く人にとっても有益

な汎用的スキルであることです。論文の基本的性質は、内容が論証的（問い
に根拠をもって答えるもの、根拠のある意見を述べるもの）であり、それに対応した
一定の形式をもつことです。そのような性質が広く職場における文書にも
通じる普遍的なものです。つまり、論文を書く技術は卒業後の職業や社会
生活につながっています。実際、大学で卒業論文に取り組んだ経験を振り
返って「有意義だ」「役に立っている」という社会人も珍しくないでしょう。

2 「書く」支援・指導の基本

　本章では、卒業論文の作成を支援・指導する際の基本方針として、①過程
において指導する、②初期に注力する、の2点を挙げます。

2.1 過程において指導する

　現在日本の大学に普及しているライティング指導の背景には、Writing
as a Process というフレーズで表される理念があります。それが英語であ
るのは、ルーツが米国にあるためです。大学教育の大衆化が進んだ1970
〜 80年代の米国では、学生の論文作成技術の低下が大問題になり（渡辺
2004）、それに対応する取り組みのなかで、このフレーズが広まりました。
　Writing as a Process とは、ライティングを「過程として」とらえる考え
方です（佐渡島と太田 2013）。学生たちの多くが苦労している過程、すなわち
文章の構想・下書きの段階から論文指導を行う点に特徴があります。また、
そうした指導が実際に成果をあげています。ちなみに、過程において指導
するという考え方が、事後中心の添削型ライティング指導に対する一種の
アンチテーゼとなっている点にも留意する必要があります。

2.2 論文作成の初期に注力する

　卒業論文作成の支援・指導では、その初期に力を注ぐことが肝要です。
「初期」とは、論文を書き始める時点というよりも、研究計画書を作る時点
のことです。よく書けた研究計画書は、ほぼそのままで論文の序章となり
ます。つまり、研究計画書の作成はほとんど論文作成プロセスの一部とな
るのです。
　卒業論文の作成は大学生にとって一大プロジェクトなので、望ましい
成果をあげるためには、早く着手しなければなりません。執筆プロセスに

限っても、考えては書き、書いては考えるという往来には長い時間を要します。また、一般に他人の書いた完成稿の修正はたいへん骨の折れる作業であり、卒業論文のように長大な文章の場合、ほとんど不可能かもしれません。それゆえ、支援・指導する側も、早い段階から関わることが大事です。

学位論文の決め手はストーリー

事例　筆者が大学におけるライティング問題に取り組み始めたのは2006年ですが、実はそれより前、1990年代後半の大学院生時代に、ライティングが研究活動のなかでもつ独自の重みや難しさを感じる経験をしました。それは、ある先輩学生の苦労を目の当たりにしたとき。その先輩は、私より2学年上の優秀な人でした（今では、日本を代表する大学の教員です）。実験も学会発表も論文公刊も着々とこなし、ほどなく博士号をとって卒業していくように見えた——のですが、なぜか博士論文だけはいつまでも書けません。そのうち、凡庸な業績をつくった私の方が先に博士論文を提出してしまいました。

ちょうどその頃、私はある本から一つの示唆を受けました。C. ダーウィンの『種の起原』（岩波文庫）。読了直後の感想は「これは壮大なストーリーだ」というもの。ある事実から生じた問いへの答えが、また他の事実と絡んで次の問いを生じ……という展開が、私の頭の中に、さまざまな色や形のパーツが縫い合わされて一着の洋服に仕上がっていくイメージを映します。それは単発の論文を読んでいては得られぬイメージです。そして閃きました。「ストーリーこそ学位論文の決め手ではないか」と。くだんの先輩は、そうしたストーリーを探しあぐねていたのでしょう。

そのときから20年ぐらい「学位論文の決め手はストーリー」という仮説を検討してきましたが、今までそれが覆されるように感じたことはありません。逆に、卒業論文の審査なども経験して「やっぱりそうだ」と思うことはありました。学術的な発見・貢献といった大それたことを学生に期待するのが難しいとすれば、決め手は「よくぞこの問題に目をとめて、粘り強く探究したなあ」という、教え子が作り上げたストーリーへの共感・感動ではないでしょうか。

ちなみに、ストーリーを作り上げるための方法は、究極的に、自分の頭で考え抜くことだけだと思います。ストーリーに他人の手が入る余地はありません。これまた仮説ですけれども。

3　文章を組み立てる技術を教える

　現在日本の大学生に教えるべき書く技術の中核は、パラグラフを基本単位として文章を組み立てる技術、つまりパラグラフ・ライティングだといえるでしょう。組み立てる技術を習得することは、思ったことや起こったことをありのままに綴る作文からの脱却、あるいは自分本位の作文から他者の視点にも立つ論理的な文章への転換でもあるのです。

3.1　パラグラフ・ライティングの意味を伝える

　パラグラフ・ライティングでは、複数の文からなる意味のまとまりであるパラグラフ（段落）を「組み立てブロック（building block）」とみなし、それを適切な順番に積み上げるようにして文章を作ります。組み立てブロックとは指導の常用語であり、パラグラフが文章の単位として独立し強固であるさまを比喩的に表します。「適切な順番」とは、読み手にとって自然な論理の流れを意味します。また「積み上げる」際には、接続語や指示語などがセメント（接着剤）の役割を果たします。

　パラグラフの外形は国語でいう段落と同じですが、内部構造にも一定のルールがあるところは段落と異なります。次項で述べるように、各パラグラフの内部には、そのパラグラフの全体を総括・代表して他のパラグラフと論理的につながる主題文が一つあり、それがたいていはパラグラフの先頭に置かれます。そのような内部構造の決まりは、日本の国語教科書による段落の解説にはほとんどみられません（渡辺と島田 2017、pp. 167-169）。したがって、多くの学生たちにとっては初めて学ぶ事項となります。。

　そのような内部構造をパラグラフが備えていることは、読み手にとって文章理解の助けとなります。すなわち、改行＋字下げという視覚的なサインを手がかりに、各パラグラフの要点を見抜き、複数のパラグラフにまたがる論理の流れをつかむことができます。パラグラフの第1文だけを拾い読みして概略をつかむスキミングが一般的な読解技術であり得るのも、そうした構造のおかげです。

　また、パラグラフ・ライティングは書き手にも利益をもたらします。すなわち、自筆文を推敲する際、各パラグラフの第1文（主題文）を抜き出すという機械的作業によって、細部にとらわれることなく全体の組み立てや論理の流れをチェックできます。また、本文とは別に要約を作る場合にも即応できます。

　さらに、論理的な文章の書き手を育てる良手であるという点で、パラグラフ・ライティングには教育的な価値もあります。なぜなら、パラグラフ・ライティングを学ぶ学生たちの文章では、まず①個々のパラグラフの内容と役割が明確になり、次いで②パラグラフ同士の関係が明確になり、そして③文章全体の構成が明確になっていくからです。以上の①②③は、興味深いことに国語教育が教えてきた評論を読み解くための手順と符合します。すなわち、評論を正しく読むためには、①個々の段落の内容と役割をつかみ、②段落同士の関係をつかみ、③文章全体の構成をつかむことが必要である、と国語では教えているのです。そもそも、論理的な文章の「読み」と「書き」とは表裏一体ですから、パラグラフ・ライティングが論理的思考・表現のトレーニングとなることも自明の理だといえるでしょう。

3.2　一つのパラグラフをどう作るか

　先述のとおり、パラグラフの外形は国語の授業で学ぶ段落と同じです。すなわち、原則として複数（まれに一つ）の文が集まって、その集まりが改行と字下げによって直前・直後の部分と視覚的に区別されます（図11外枠）。また、そのような外形が意味のまとまりや話題の転換を表すとみなされる

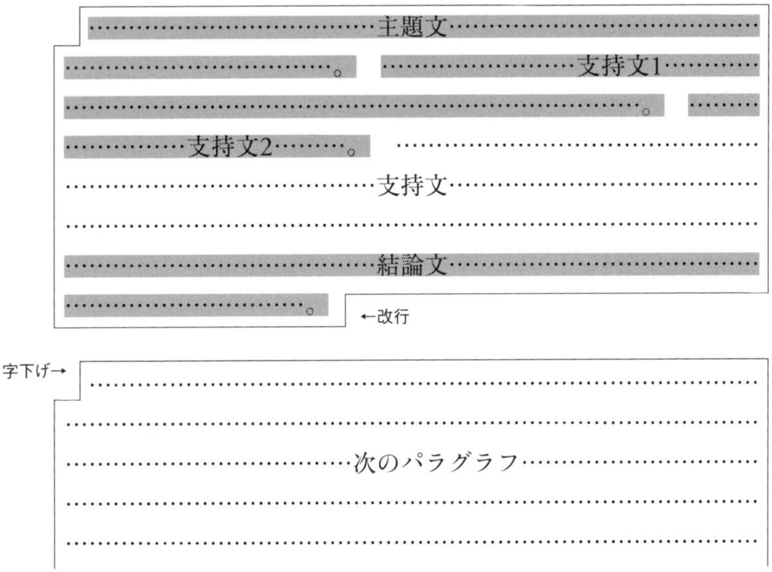

図11　パラグラフの外形と内部構造

ところも、段落と同じです。

　そうした形式に加えて内部構造にも一定のルールのあるところが、段落とは異なるパラグラフの特徴です。パラグラフ内部には次の三つの要素（文のタイプ）があるとされます。

①　主題文（topic sentence　一つ）：パラグラフの内容を総括・代表して他のパラグラフと論理的につながる

②　支持文（supporting sentence　一つ以上）：主題文を支持（補足、説明）する

③　結論文（concluding sentence　一つ）：主題文の内容を言い換えるなどして締めくくる

　これらの3要素は、パラグラフ内の基本的な並び順を表してもいます。つまり、まず①で要するに言いたいことを述べ、次に②で言いたいことを詳しく述べ、最後に③で要するに何が言いたかったかを述べるというのが1パラグラフの中身です。なお、多数のパラグラフからなる通常の文章では③がよく省略されます。

3.3　アウトラインから文章へ

　パラグラフ・ライティングを頭の中だけで完遂することは、学生にはまずできません。すなわち、冒頭から一気に書き下ろすとか、筆に任せて書き綴るという流儀でパラグラフ・ライティングをすることは不可能です。

　そのため、文章を書く前の構想段階でアウトラインを作ります。アウトラインは外（out）の線（line）すなわち輪郭、転じて物事の概要を意味します。それを「作る」とは、個々のブロック（パラグラフ）作りと全体の組み立てとを並進させる設計の作業です。アウトラインには、次に述べるような一定の型があります。

　文章のアウトラインとは、短文や語・句の配列によって文章の主な内容と論理構成を視覚的・簡略に表す文書です。その一例である図12（前項3.2のアウトライン）からは、次のことが読み取れます。

・タテ方向の位置で事柄の登場順（上から下へ）を表現

・左端に寄せて各パラグラフの主題文を配置

・それより右に下がった位置から各パラグラフの支持文に含まれる語・句を列挙

一つのパラグラフをどう作るか

1. 形式は国語の段落と同じである
　　1.1　原則として、複数の文の集合
　　1.2　改行＋字下げで、直前・直後と区別
　　1.3　意味のまとまりや話題の転換を表す

2. 内部構成に一定のルールがあるところが段落とは異なる
　　2.1　三つの構成要素（文のタイプ）
　　　　①主題文
　　　　②支持文
　　　　③結論文
　　2.2　①②③は標準的な並び順
　　2.3　通常の文章で③はよく省略される

図12　3.2項のアウトライン例

　つまり、タテ（上下）・ヨコ（左右）の2次元で、論理の流れや事柄の主従（左上が主で右下が従という）関係が表現されています。このアウトラインの段階で「はじめに／序論」「結論」といった項や節（パラグラフよりも上層）レベルのまとまりを作っておくこともポイントです。一般に、区切りなくダラダラと書き綴られた文章を、後から項や節に切り分けることは至難です。不慣れな人はアウトラインの作成を面倒に思うものですが、繰り返しトレーニングすることによって、文章の組み立て手法としての有用性を実感できるようになります。

　そこまでたどりつけば、文章の完成（第1稿）まであと一息です。実際、そこへ語句を補って文章に変換する作業は、存外に楽なものです。ただし、第1稿を書く前にもう一度、主題文を拾い読んで全体的な組み立てや論理の流れを、また、支持文やその要素である語・句とその直上にある主題文との結びつきなどを、それぞれチェックしましょう。さらに、このアウトラインを他者に見てもらうことも推奨します。他者が見ても文意をおおむね理解できるぐらいになっているのが望ましいアウトラインです。

　なお、このアウトラインは、国語教育でいう構成メモの類とほぼ同じです。構成メモ類（異称多数）は、最近の小・中学校の国語教科書で広く教示されています。ただし、その中で段落の内部構造との関わりまで説明されている例はごくわずかです。

4 自筆文を評価する技術を教える

　現在日本の大学生にとって、考える技術の中核をなすものの一つは、自筆文を評価する技術でしょう。その技術があればこそ、自分の考えの表出である自筆文を批判的に検討し、その内容を高め、深めていくことができます。自分の考えについて考えるという点では、いわゆる「メタ認知」の力を培うことにもなるはずです。

　自筆文を評価する技術をもつことによって、学生たちは、執筆過程の苦しみを根拠にひとり悶々と苦手意識を膨らませる (渡辺 2010) 状況から脱し、自らの論文作成に活かせる評価の目を培っていくことでしょう。技術習得の要諦は、①複眼的な評価を経験すること、②評価の言葉を習得することの二つです。

4.1　複眼的な評価を経験させる
　評価が「複眼的」であるとは、評価の視点・観点が複数ある状態をいいます。それを実現する方法の一つは、いわゆるピアレビュー (相互批評) によって評価の目を増やすことです。これは、授業中にもオンラインでも、機会をとらえて頻繁に行うことができます。また、自分一人で評価する場合でも、総合的に見たり、分析的に見たりするなど、複数の異なる視点・観点からの評価を試みます。そのような経験の積み重ねによって、自筆文を他者に見せることへの抵抗感や、自筆文を自分で見たときに起こる動揺や困惑 (渡辺 2010) は、低減していくでしょう。

4.2　評価の言葉を習得させる
　「評価の言葉を習得」するとは、ある評価を下すとき、その理由を、感覚的な優劣や良し悪しではなく、他者にもわかる言葉で説明できることです。学生たちの多くは、文章の良さを感じ取ることはできても、その理由をうまく説明することができません。説明できないということは理解していないに等しく、理解していなければ、自筆文の見直し (推敲) という心理的負荷の大きい場面では役立ちません。そこで、機会あるごとに学生自身の言葉で評価の理由を語って、書いてもらいましょう。時には教員が評価してみせることも有効です。

4.3　ルーブリックを活用する

　上記の①複眼的な評価を経験すること、②評価の言葉を習得すること、のいずれについても、「ルーブリック」の活用を推奨します。ルーブリックとは、平たくいえば、視点・観点別の評価基準表のことです。その形式はおおむね一定ですが、その中身は、授業科目やレポートなどの課題に合わせて自由に作れます。よって、できれば学生と一緒にルーブリックを作り、それを基準とした評価を実行してみましょう。きっと、学ぶ側も教える側も納得のいく学習・指導に近づけるはずです。大阪大学では、学生と共有できるルーブリックの例（図13）をインターネット（教員向けマニュアルの中）で公開しています（堀と坂尻 2016）。

5　学生を伸ばす支援を行う

　最後に、卒業論文の作成を支援する教員として心がけたいことを、三つ提案します。

5.1　低年次の学習状況を確認する

　一つめは、学生たちが低年次（とそれ以前）にどのようなライティング学習を経験してきたかをできるだけ確認し、これを基礎とした卒論指導を行うことです。なぜなら、低年次の学びが高年次のそれを支える基盤・前提となっているからです。

　そもそもライティング学習・指導の理念や要諦は、大学の全教育課程を通じて質的にほとんど変わりません。実際、学生たちが卒業論文を書き始めてから直面する困難・課題のなかには、低年次（やそれ以前）の学習に立ち戻って学び、教え直すべきものが多くあります。端的にいえば、低年次の積み残しがそのまま高年次の課題となっているということを大学教員は知っておくべきでしょう。

5.2　自立した書き手を育てる

　二つめは、自立した書き手、あるいは少なくともそうなろうと努力する書き手を育てることです。書くことは考えることとほぼ同義であり、文章に書かれたことは、その内容も形式もすべて、学生自身の考えを表すものでなくてはなりません。

論文の書き方をきちんと教えてこなかったのが一昔前の大学だとすれば、今日ではむしろそれとは反対に、「教えすぎること」の弊害を懸念すべきかもしれません。学生たちが自力で書く・表現することに自信や意欲・責任感をもてるような支援を心がけましょう。そのことは「書き手のオーナーシップを護る」というフレーズで表現されることがあります（佐渡島と太田 2013、pp. 2-10）。

5.3　相手に応じた指導方法を探る

　三つめは、目の前の学生たちに最も適した指導を不断に探り続けることです。大衆化した大学教育のもとでは、学生たちの過去の学習経験も学力も学習意欲も一様ではありません。書き方指導のノウハウを知ることはもちろん大事ですが、それと同じかそれ以上に、指導される学生たちをよく知って、彼らに合わせることが重要です。

　目の前にいる学生たちに対して最適の指導をできるのは、彼らと日常的に接している大学教員です。たとえ「指導困難」といわれるような学生であっても、教え方によって書く力は必ず伸びると信じさせてくれるような逸話もあります（渡辺 2010、pp. 117-133）。教員一人ひとりの意欲と創意工夫が求められています。

受講生確認分

課題：授業の内容を要約し、重要な点について理由をあげて説明すること　　　　50点

構成：要約→重要点 の構成をとる	1 - 2 - 3 - 4 - 5
要約：大きく簡潔にまとめている	1 - 2 - 3 - 4 - 5
内容を項目で適切にまとめている	1 - 2 - 3 - 4 - 5 - 6
重要点：要約に基づいている	1 - 2 - 3 - 4 - 5
理由が明確に述べられている	1 - 2 - 3 - 4 - 5 - 6 - 7
引用：資料・図表を適切に引用・利用している	1 - 2 - 3 - 4 - 5
形式が守られている	1 - 2 - 3 - 4 - 5
全体：説明が具体的かつ説得的	1 - 2 - 3 - 4 - 5 - 6 - 7
全体のバランス	1 - 2 - 3 - 4 - 5

所属学部　　　　　　学生番号　　　　　　　氏名

・・・・・・・・・・・・・・・・・・・・・・・・・・・・・(切り取り線)・・・・・・・・・・・・・・・・・・・・・・・・・・・・・

教員控

課題：授業の内容を要約し、重要な点について理由をあげて説明すること　　　　50点

構成：要約→重要点 の構成をとる	1 - 2 - 3 - 4 - 5
要約：大きく簡潔にまとめている	1 - 2 - 3 - 4 - 5
内容を項目で適切にまとめている	1 - 2 - 3 - 4 - 5 - 6
重要点：要約に基づいている	1 - 2 - 3 - 4 - 5
理由が明確に述べられている	1 - 2 - 3 - 4 - 5 - 6 - 7
引用：資料・図表を適切に引用・利用している	1 - 2 - 3 - 4 - 5
形式が守られている	1 - 2 - 3 - 4 - 5
全体：説明が具体的かつ説得的	1 - 2 - 3 - 4 - 5 - 6 - 7
全体のバランス	1 - 2 - 3 - 4 - 5

所属学部　　　　　　学生番号　　　　　　　氏名

図13　学生と共有できるルーブリックの例（出所　堀と坂尻 2016、p.17を一部改変）

13章

研究発表を支援する

1 発表は研究を促す

1.1 発表機会は研究をブラッシュアップする

　本章では、教員として学生の研究成果の発表をどのように支援すればよいかを扱います。研究室では、学生に研究発表させ、その発表に基づく質疑応答や討議を行う機会が多々あることでしょう。発表する機会は学生にとってさまざまな効用を期待できます。

　第1に、発表機会は研究内容をブラッシュアップするということです。学生は自身の研究のどこが評価され、どこに課題があるか気づいていないことが多くあります。研究内容を発表し、教員や他の聴衆から質疑応答、建設的なコメントを得ることで、発表者は研究内容を磨き上げるヒントを見つけることができます。

　第2に、他者の発表から多くを学ぶという点です。他人の発表を聞くことは、今まで興味をもてなかったテーマに関心を寄せること、自分が知らなかった知見を得ることにもつながります。また他人の発表の良い点に学び、指摘されている点について自分の発表は大丈夫かと振り返り、自身の発表をよりよいものにしていくことができるでしょう。

1.2 発表機会は汎用的能力を高める

　発表機会は、研究内容だけでなく、学生のさまざまな能力を高める機会にもなります。たとえば、人前で発表経験を積むことによって、発表の技能(いわゆるプレゼンテーションの技能)を高めることが期待できます。わかりやすく、説得力のある伝え方ができるようになるためには、発表を何度も経験し、改善点をフィードバックしてもらうことが必要です。

　また、発表機会を通じて目標設定や進捗状況の管理というプロジェクト・マネジメントの要素を学ぶことができます。発表するということは、締め切りを設定するということでもあります。学生は必然的に、何を、いつまでに、どこまで仕上げなければならないという目標設定をすることになります。

2　発表方法を計画させる

2.1　発表機会を検討する

　発表機会は「研究室内での発表」と「研究室以外での発表」に大別されます。研究室内での発表機会のメリットは、定期的かつ手軽に実施できること、進捗管理が容易なことです。しかし、学生の緊張感が低くなる可能性、マンネリ化する可能性もあります。

　これに対して、研究室以外での発表は、学生にとっては自分が外部の人の目にさらされる機会になりますので、より緊張感が高まり、新鮮な学びを得られる可能性があります。ただし、旅費などの金銭的なコストや時間的なコストがかかるかもしれません。

　研究室外での発表は、研究室での研究成果を外に向けて発信する機会でもあります。そうした機会には、学会・研究会での報告、学内外のシンポジウムでの発表、各種コンペティションやイベントへの参加があります。また、小・中・高校生あるいは地域住民に対する出前授業をすることもできます。また、他大学との合同ゼミ、あるいは自大学内における合同ゼミ発表から始めることもできます。こうした機会では、予測しない質問やコメントを得られる新鮮さがあり、ふだんの研究室活動では得られない気づきを得ることができます。学生は他の研究室の研究内容や発表から学ぶことができ、教員も自身のゼミ運営のあり方を考えるきっかけにすることができます（洞口 2008、笹川と大倉 2014）。

2.2　発表形式を検討する

　発表形式は、情報量の多さや、中心となる伝え方によって、大きく4種類に分けることができます。目的と状況に応じて使い分けましょう。

1 | 文章形式

　文章形式は法学、文学、歴史学などの分野でよく用いられます。言葉の言い回しや正確さ、文章そのものの構成が重視される場合に適しています。学生には配付資料を音読させます。長文の場合には重要箇所に下線を引かせ、下線部分のみを音読させます。音読に適した文字量は1分間で300文字といわれます。発表時間とあわせて学生に伝えましょう。この方法は内容の厳密な検証に適していますが、文章の棒読みになってしまう危険性もあります。

2 | レジュメ形式

　レジュメ形式では、発表内容を要約した資料を作成させ、その資料を使いながら発表させます。文章の細かいチェックよりも、全体の構造や、部分と部分の関係性を把握したい場合に適しています。レジュメ形式で報告させる場合は、適切な枚数をあらかじめ学生に伝えましょう。

3 | スライド形式

　スライド形式では、図表やイラストを用いて多くの情報を伝達します。読むことよりも見ることを重視する形式です。自然科学や経済学、心理学など、データ解析を多用する分野の発表はこの形式が多くなります。文章形式とは正反対に、一見してわかるような工夫をします。足りないところは口頭スピーチで補います。

　スライド形式で発表する際に学生に多い失敗は、デザインに凝りすぎて、配色、文字の大きさなどが不適切で、かえって見にくくなってしまうことです。色やアニメーションの使用は、必要最小限にとどめる方が効果的だということを教員から伝えましょう。また、スライド投影する場合は、PCやプロジェクター、スクリーンの準備が必要です。発表する前にこれらのセットアップを済ませておくように学生に伝えましょう。

4 | ポスター形式

　ポスター形式では、発表内容を1枚のポスターにまとめます。情報量を絞り、一見して全体像がわかるように内容をレイアウトします。プロジェクターやスクリーンといった設備が不要のため、どんな会場でも発表することができます。どちらかといえば、研究内容を図表や絵、写真などで端的に表現する場合に適しています。また、多くの発表を同時に行い、その場で

質疑応答を行うポスターセッションも可能です。この形式の弱点は、遠くからは見えないこと、掲載できる情報に限りがあり、細かい文字情報を載せるには適していないことです。

2.3　発表時間を検討する

　制限時間に発表を収める習慣を学生につけさせるようにしましょう。発表時間は1人あたり長くても15分以内にするのが通例です。発表に慣れていない学生にとって、時間は早く経過するように感じられるものです。学会発表などに限らず、社会一般で行われるプレゼンテーションなどでも制限時間が設けられているのが一般的ですので、限られた時間内で自分の主張をまとめる訓練をすることは、学生にとって貴重な社会トレーニングの機会にもなります。

　時間を測るための道具も忘れないようにしましょう。学会で使用されるベルは学生に緊張感をもたらします。最近はスマートフォンやタブレット端末のアプリとしてプレゼンテーション用タイマーをダウンロードすることができます。学生にも、自分で時計を測りながらプレゼンし、時間を厳守するように伝えます。

　発表時間と同様に、質疑応答・フィードバックの時間も重要です。発表時間を長くとり、質疑応答・フィードバックの時間を短くする教員もいますが、学生にとっては質疑応答の時間こそが成長の糧となります。意識的に質疑応答とフィードバックの時間を長めにとってみましょう。

2.4　フィードバックの方法を検討させる

　学生が発表した後で、「何か質問がありますか?」「意見やアドバイスはありますか?」と教員が尋ねても、なかなか手が挙がらない、あるいは毎回同じ学生がコメントしているといった状況が起こりがちではないでしょうか。より多くの学生から質問やコメントを引き出す方法を二つ紹介します。

　一つは、指名のルールをつくることです。「発表者が質疑・コメント者を指名し、指名された者は必ず何か言わなければならない」「質疑・コメントをした者が次の質疑・コメント者を指名する」といったように学生に学生を指名させる方法があります。また、「メンバー全員が何らかの質疑・コメントをする」というルールを決めておく方法もあります。

　もう一つの方法は、発表中にメモを書かせることです。メモを書くこと

で質問の趣旨を明確にすることができます。また、書いたものは発表者に渡すことで、より多くのフィードバックを発表者に与えることができます。

3 発表までのプロセスを支援する

3.1 過去の成果物を紹介する

　質の高いプレゼンテーションをさせるためには、事前に過去の優れた成果物を示すことが効果的です。教員が期待するプレゼンテーションのイメージがよく伝わるからです。特に同じ課題で先輩学生が過去に作った成果物や発表時の映像は、学生にとってめざすべき具体的な姿となります。単にどのようなものを作ればよいのかだけではなく、「自分たちも先輩たちのようにがんばらなければ」という学習意欲を高める効果も期待できます。一定の型を決めると、学生の自由な創造力を奪ってしまうのではないかと心配な場合は、複数の成果物を提示し、学生に選択・工夫する余地を与えるとよいでしょう。

　過去の発表成果物を紹介するためには、教員自身が、これまでの学生の成果物を蓄積しておく必要があります。優れた成果物を紹介する場合は事前に当該学生（あるいは卒業生）の了解を得ておきましょう。

3.2 発表までの手順を明確にする

　学生に成果物のイメージを伝えたら、次は発表に向けた準備の進め方について説明します。計画的に準備することに慣れていない学生は、一夜漬けでプレゼンテーション資料を作り、本番で失敗してしまうでしょう。より質の高いプレゼンテーションをするには、最初に本番までの計画を立てる必要があることを伝えます。具体的には、「テーマ決定」「情報収集」「全体構成の決定」「具体的な調査・実験など」「プレゼン資料の作成」「プレゼンの練習」などの諸要素を、発表当日までにどのような順番で進めていくかを学生に検討させましょう。特に個人ではなくグループで発表させる場合は、グループ内の1人に負担が偏らないよう、事前準備および発表本番の役割分担もさせるようにしましょう。

3.3　チェックリストを配付する

　発表の準備が整い始めてきたら、チェックリストを作成します。この
チェックリストを配付し、事前に基本的なことは自分たちで修正をさせま
す。チェックリストがあれば、教員が指導しなくとも、発表者自身、あるい
は学生同士でチェックし合うことができます。

プレゼンテーション準備のためのチェックリスト例

- ☐ 表紙がある。表紙にはタイトル、所属、名前、発表日、会場の記載がある。
- ☐ 発表の目的、目標が明確である。
- ☐ 文字や図表を見やすく作成する（白黒印刷に対応している、読みやすい大き
さになっている）。
- ☐ 引用が正確である（自分の主張と他者の主張・根拠資料が判別できる）。
- ☐ 参考文献を掲載している（掲載の方法も適切である）。
- ☐ 論理展開がわかりやすい（序論、本論、結論の流れが明確である）。
- ☐ 主張を裏付ける論拠やデータを提示している。
- ☐ 分量が適切である（少なすぎず、多すぎない）。
- ☐ リハーサルを行い、時間配分ができている。

3.4　中間発表の機会をつくる

　研究成果を発表するまでに長い準備期間を経るような場合は、途中経過
を中間発表させる機会を設けましょう。中間発表は、学生の進捗状況を確
認するために必要であるのと同時に、プレゼンテーションのトレーニング
にもつながります。中間発表の際にどんな課題が残されているかを具体的
に指摘しましょう。

3.5　個別指導を行う

　論理構成の仕方や、プレゼンテーションの仕方など、具体的な改善策を
個別指導することも有効です。学生同士の学び合いには一定の限界がある
からです。担当する学生が多く、指導教員だけで個別指導するのが時間的
に難しい場合は、ティーチング・アシスタント（TA）などに個別アドバイス
を依頼する方法もあります。その際、アドバイスの観点を事前に伝えてお
けば、TAは「指導教員の指導方針と食いちがうことを言ったらどうしよ
う」という不安を抱えずに済みます。

4 発表を通じて学生を育てる

4.1 発表の作法を事前に伝える

　発表に不慣れな学生は、どのように発表したらよいか皆目見当がつかない場合があります。基本的な発表や質疑応答の作法をあらかじめ学生全員に伝えておくと効果的です。

＊発表者の基本作法例
・無断でキャンセルしない
・時間に余裕をもって会場（セミナー室など）に入る
・事前に教員や司会者や配付資料を直接渡して、あいさつをする
・参加者に向かって語りかける。黒板やスクリーンや資料に語りかけない
・時間配分、制限時間を意識する。与えられた時間はできるだけ使い切り、かつ超過しない
・参加者からの質問を歓迎する姿勢を示す
・質問を受ける際は要点をメモする
・質問に回答する際はまず謝意を伝え、結論を最初に述べ、その理由を簡潔に説明する
・質問に対して質問を返すことはできるだけ控える
・質問にうまく回答できない場合は、ごまかさずに「現時点ではよくわかっていません」「調べるので時間をください」と正直に回答する

4.2 多面的な指導を行う

　学生の研究発表に関して、内容、話し方、発表ツールの使い方の観点から適切な指導を行いましょう。

1│発表の内容を指導する

　内容とは、発表全体の論理構成、主観と客観の区別、単語の使い方などです。発表全体の論理構成については、「序論・本論・結論」など、一般的な発表構成をおさえたうえで、大まかな発表の流れを考えさせるとよいでしょう。目次を作らせると論理構成がわかりやすくなります。スライド形式の発表の場合は、順番をどのように入れ替えると、他の参加者がより理解しやすいかを発表者に考えさせるとよいでしょう。

　主観と客観の区別とは、発表者の意見を述べているのか、事実を述べているのかを混同せず、明確にすることです。意見ならばそう考える理由を、事実ならばそれを裏付ける根拠やデータを明示するように伝えましょう。

　用語の使い方も重要です。学生の発表では、意味を十分に理解せずに専門用語が多用されることがあります。学生が用語の意味を適切に理解しているか、きき手がその説明を十分に理解しているかを確認し、できるだけわかりやすい適切な言葉で表現するように指導しましょう。

2 ｜ 話し方を指導する

　発表のスキルには、発表する際の声の出し方、表情、姿勢などの身体的な要素が多く含まれます。声の出し方では、声の大きさ、話すスピード、間の取り方などは適切かを確認します。大学生は研究発表の際は制限時間を意識して早口になる傾向があります。もし早口に話さないと発表内容を網羅できないのであれば、内容をさらに絞り込む必要があるでしょう。また、発表者の滑舌が悪く、十分に聴き取れないことがあります。滑舌の悪さは、口をはっきりと開いて話すことによってかなり改善することができます。公の場で話をする経験がまだ少ないので、隣にいる友人と話をする感覚で話してしまうことが主たる原因です。

　身体の姿勢に関しては、フラフラせずに堂々と立つこと、適度なジェスチャーを使うこと、アイコンタクトをとることなどを指導します。特にアイコンタクトは重要です。学生は配付資料や投影スライド、原稿などに視線が集中してしまい、聴衆を見て話すことがおろそかになってしまいがちです。

3 ｜ 発表ツールの活用方法を指導する

　発表ツールのとは、プレゼンテーションの補助となる配付資料や投影するスライドなどを指します。第1のポイントは、指定されたフォーマットをきちんと守っているかどうかです。タイトル、発表者名、発表日時、ページ数、図表のタイトルの有無、参考文献の有無など、発表に必要な情報が適切に記載されているかどうかを確認します。第2のポイントは、資料の見やすさです。文字の大きさ、色使い、図表の使い方を確認します。手の込んだ資料を作り、逆にわかりにくくなるケースがよくあります。学生には、シンプルに表現するように指導しましょう。

　リハーサルの重要性も伝えましょう。スマートフォンで自分が発表し

ている動画を撮影させ、後で確認させると効果的です。投影スライドは期待どおりに作動しない場合もありますから、そういった機器のトラブルを防ぐ意味でも、本番に近いかたちでのリハーサルをしておきましょう。

4.3　誠実な「きき手」を育てる

　プレゼンテーションの場は、話し手だけで成立するわけではありません。「きき手」も重要な存在です。話し手に作法があるように、きき手にも作法があります。また、良い「きき手」を育てることがよりよいプレゼンテーションにつながります。良い「きき手」とは、よく「聴き」、よく「訊く」ことができる人を指します。

1│「聴き手」を育てる

　「聴く」とは、傾聴という言葉があるように、しっかりと相手の話を聴く行為です。自分が話し手だったら、どのような聴き方をしてくれるとうれしいかと学生に尋ねてみましょう。うなずきながら聴いてくれる、発表者を適度に見てくれる、メモをとってくれるといった意見が出るのではないでしょうか。自分が発表者だったらこう聴いてほしいという聴き方を実践してほしいと学生に伝えましょう。

2│「訊き手」を育てる

　「訊く」とは、質問をするということです。よい質問は発表者に気づきを与え、聴衆にも学びをもたらします。ただし、多くの学生は最初に何を訊いたらよいか、なかなか見当がつきません。そこで学生に次のような質問リストを示し、参考にしてもらうとよいでしょう（表8）。学生に質問をさせるときに避けなければならないのは、発表者を攻撃する質問、あるいは発表者を困らせるような質問です。望ましいのは、その質問により発表者や聴衆全員の理解が深まること、気づきをもたらすことです。

表8　発表者に対する質問の例

定義	それはどういう意味ですか
追加	他に考えられる解釈はありませんか
原因	なぜそうなるのですか
結果	どんな結果が予想されますか
根拠	そのように主張する根拠はどこにありますか
具体	その一般論や理論を具体化するとどのように説明できますか
抽象	そのデータや現象が意味することは何ですか
仮説	その現象に影響を与える要因は何だと思いますか
比較	その事例は他の地域でも当てはまりますか
総括	研究によって結果的に何が明らかになりましたか
課題	残された課題は何ですか

14章

大学院生の研究指導を行う

1 大学院における研究指導の特徴

1.1 徒弟制により近くなる

本章では、大学院生の研究指導を行う際に特有の課題について紹介します。その第1の特徴は、将来の研究者、つまり教員自身の後継者を養成する可能性があるということです。自分の担当した学生が、いずれ学者集団における仲間になるかもしれません。大学院では第1部で述べたような徒弟制の性格はより強くなる傾向にあります。

第2の特徴は、大学院教育では学位論文の重要性がより大きくなるという点です。大学院にも一定のコースワークは整備されていますが、実質的には学位論文の完成度が学位授与の可否の決め手となります。学位論文の作成に研究室が与える影響は、時間的にも精神的にもより大きくなります。

第3の特徴は、大学院の研究指導に要する時間は学士課程のそれよりも長いということです。学士課程の場合、研究室に属する期間はせいぜい1年から1年半であり、3年次以降に研究室を決めるのが通例です。これに対して、大学院では修士課程であれば2年間、博士課程であれば少なくとも3年間（医学系の博士課程は4年間）であり、入学当初に所属研究室を決定するというちがいもあります。

大学院生に研究指導をする際は、本書でこれまで述べてきた内容に加えて、入学試験における研究計画書の精査、研究内容・方法のオリジナリティ探求、研究職としてのキャリア支援の要素が必要となります。

1.2　修士課程と博士課程のちがい

　一口に大学院教育といっても、修士課程と博士課程ではかなり性質が異なるのが一般的です。修士課程では学術上のオリジナリティ（新規性、独自性）よりも、専門知識と方法論を習得できたかどうかが重視されます。これに対して、博士課程は博士論文の作成が中心であり、研究内容自体のオリジナリティや学術的な貢献度が強く求められます。従来は指導教員と大学院生の個人的な関係に委ねられることの多かった博士課程の研究指導ですが、近年では教員内で指導チームを編成し、博士論文作成に向けてステップをふんで指導する体制が整えられつつあります。

2　積極的かつ慎重に受け入れる

2.1　教員から働きかける

　大学院生の研究室を受け持つ場合、最も重要なことは、優秀かつ意欲にあふれた学生を確保することです。そのためには、学生に大学院に進学してみたいと思わせる努力が、学部・研究科そして各教員に求められます。

　優秀な学生を大学院に獲得するには、彼らに研究分野や大学教員という職業に対して魅力を感じてもらうことが必要です。大学院で何を得られるかについて、学部生に紹介する機会をもつといいでしょう。たとえば、大学院での共同研究プロジェクトについて紹介したり、教員自身の研究内容を語り、大学教員という職業に興味をもってもらうなどの工夫が必要です。大学教員という職業は、企業の研究職とは異なり、公共性を重視しつつ、研究者個人の研究関心に基づいて、長期的な基礎研究に取り組むことができるという長所があります。こうした点をアピールしましょう。

　大学生にとって大学院、特に文科系分野の大学院に進学することは、一定のリスクをとる覚悟が必要な選択だといえるでしょう。理科系分野の場合は、学士課程4年間と修士課程（前期課程）2年間の合計6年間で専門を学ぶというキャリアが定着しており、民間企業に就職する際にも、修士号をもっていることに対して一定の処遇がなされています。博士号をとって民間企業に就職する機会も分野によっては増えつつあります。

　しかしながら、文科系分野では博士の就職の大半は大学や研究機関などの研究職に限られています。大学教員のポストは年々減少していますので、学生は進学を躊躇する傾向があります。来てほしいと思うような優秀

な大学院生を確保するには、教員にも「営業努力」が必要だといえるでしょう。

2.2　受け入れ判断は慎重に行う

　他方で、大学院生の受け入れ判断には慎重を期す必要があります。修士論文や博士論文の研究指導や審査には大きな時間と労力がかかるため、指導教員として責任をもって受け入れることができるのは毎年最大何人までかを考えておく必要があります。無理をして学生を受け入れると、十分に研究指導することができず、学生と教員の双方にとって不幸な結果を招くことになりかねません。

　また、教員は大学院進学を希望している学生をよく観察して、入学後にどれほどの「伸びしろ」を見込めそうか、そのうえで最終的に修士論文や博士論文を書けそうかどうかについて慎重に見極めましょう。大学院の入学定員を満たすことは大学や研究科にとって重要ですが、それが目的になるのは本末転倒です。

　明らかに研究活動に向いていない学生を大学院に受け入れるのは適切ではありません。時に学生は自分の適性を十分に自覚せずに明らかに不向きな選択をすることがあります。一般に、論理的思考が苦手な学生、文章を書くことが苦手な学生、本を読む習慣のない学生は大学院進学には不向きでしょう。

　また、モラトリアム志向の強い学生は、就職活動を敬遠して消去法的に大学院進学を選択することがあります。こうした学生は大学院に進学してもやがては就職する必要があることや、研究職への就職も他の職業と同等もしくはそれ以上に難しいという現実に気づいていない可能性があります。一般論としていうならば、現実逃避型の大学院進学は望ましくありません。

2.3　研究計画書の内容を精査する

　大学院の入試面接の際には、なぜ当該教員の研究室を希望するのかを慎重に確認しましょう。学生から進学希望の打診があった場合は、入試前に面談するという方法もあります。まずは、提出された研究計画書が間違いなく当該学生によって書かれたものであるかどうかを十分に確認してください。なかには研究計画書の作成において学生以外の他者の手が加わっていることがあります。

　たとえば、外国人留学生を受け入れる場合は、送り出し大学の教員、留学斡旋業者、日本語学校などの関係者が研究計画書に手を加えていることがあります。面接の席上で受験者が研究計画書を棒読みするような説明をするようであれば、その場で研究計画書を伏せさせて、口頭で説明を求めてください。また、研究テーマに関連する先行研究について学生に説明させることで、受験者がどの程度の予備知識をもっているかを測ることができます。

2.4　異動・退職リスクを考慮する

　学士課程の研究指導と大学院の研究指導のちがいは、学生を受け持つ期間です。修士課程の場合は2年間、博士課程の場合は少なくとも3年間にわたり、学士課程よりも長めになります。その間に教員自身が退職や異動する可能性が見込まれる場合は、大学院生の新規受け入れには慎重を期すべきでしょう。指導教員の途中交替が学生の学位論文の作成に支障をきたさないように配慮することが必要です。研究科によっては研究指導委託制度を設け、大学院生が他大学の大学院の教員から研究指導を受けることを保証しています。この制度では、教員が異動した場合、異動先でも以前の指導学生の研究指導を継続することが可能です。

　また、やむを得ない理由によって前任者の教員から学生の指導教員を引き継ぐ場合は、前任者の教員と当該学生の両方と面談し、これまでの研究指導の方針や指導記録を確認しておくのが望ましいでしょう。その際、学生の個人情報の扱いには慎重を期す必要があります。

3　学位論文の中身を深める

3.1　オリジナリティについて考えさせる

　大学院の研究指導において重要なことは、学位論文には一定の学術的オリジナリティ（新規性、独自性）が求められるという点です。学士課程における卒業論文では、研究を体験すること自体の意義を重視するのに対して、大学院レベルの学位論文、特に博士論文では学術的な貢献度が評価されます。フィリップスは博士論文における学術的なオリジナリティとして以下のものを挙げています（フィリップスほか2010）。

・過去になされたことのない実証を行う

・これまでなされたことのない(論などの)統合を行う

・新たな解釈で既知の材料を使う

・海外でしかなされていなかったことを自国で行う

・ある特定の技術を新しい分野で使う

・新たな根拠で過去の研究を補足する

・複数分野にまたがって、さまざまな調査方法を用いる

・専攻分野の研究者がまだ研究していない事象を扱う

・これまで試みられなかったやり方で新たな知識を追加する

　重要なことは、「何が研究上のオリジナリティに値するのか」について、指導教員が大学院生に対して十分に説明し、互いの認識を共有することです。研究におけるオリジナリティとは、新しい物質や病気の治療法を発見することに限りません。研究のテーマ、対象、方法、解釈上の新しさ、既存の理論枠組みの新しい状況への援用なども研究上のオリジナリティの範疇に含まれます。先行研究をふまえつつ、先行研究にはみられない要素がいずれかの段階で盛り込まれていることが必要となります。

　言い換えれば、研究内容のすべてがオリジナルである必要はなく、大部分は先行研究の枠組みに依拠しながらも、ある部分について新しい要素が含まれていれば合格水準にあるとみなすことができます。

　作家の村上春樹は、『職業としての小説家』(2016)のなかで、オリジナリティについて「新鮮で、エネルギーに満ちて、そして間違いなくその人自身のものであること」(p.116)と表現しています。村上が強調しているのは、各人の自由な心持ちのなかに、内的な衝動に基づいた自然な欲求や感動があるかどうか、という点です。

　このことは、小説を書くという営みにおいてだけでなく、研究の世界でも同じことがいえるかもしれません。つまり、研究上のオリジナリティとは大学院生の内的な欲求に基づくものであり、外部から人為的に作り出せるものではないということです。そうだとすれば、指導教員になしうることは、学位論文を通して何を成し遂げたいかを学生に考えさせ、その動機を言語化するように促し、そのプロセスを見守り続けることにあるといえるでしょう。

3.2　長いスパンで研究計画を立てさせる

　修士論文や博士論文の作成が卒業論文の作成と大きく異なるのは、研究の期間が長くなるということです。卒業論文の場合はテーマ設定から6〜9ヶ月程度で作成するのが一般的です。初期の段階では就職活動と重なるケースが多いので、実際には4年次の夏休み前後からの短期戦になります。

　これに対して、修士論文では入学後から提出締切までの2年弱にわたる計画を立てることが求められます。その間に論文作成のための調査や実験、あるいは就職活動を同時にこなさなければなりません。さらに博士論文の場合は、少なくとも3年以上にわたる長期戦になります。より長い期間で合理的な研究計画を設計することが必要です。大学院生に対しては、3章図4（29ページ）に示した卒業論文の工程表をさらに精緻化させた工程表が必要となります。研究上の方法論や諸理論についてより思考を深めさせることと同時に、より長いスパンで持続可能な研究計画を立てさせるようにしましょう。

3.3　口述試験を成功させる

　学生が学位論文を書き上げ、無事に締め切りまでに提出すると、最後に待ち受ける関門は口述試験です（口頭試問など呼称はさまざまです）。口述試験の際は、研究を通して学生が何を成し遂げたか十分に説明させましょう。学生1人あたりの口述試験の時間は限られていますので、審査をする教員が話しすぎないことが肝要です。教員は簡潔かつ要点を突いた質問をすることに専念し、自説を延々と展開することはできるだけ避けましょう。主査が内容に即した質問をするならば、副査は研究方法について尋ねるなど、質問が多角的になるように教員間でうまく役割分担しましょう。プレゼンテーション形式の場合は、スライドの見栄えに目が行きがちで、説明の論理が飛躍しやすいので、注意が必要です。

　口述試験は、教員と学生にとって振り返りの場、そして将来に向けての意見交換の場になることが大事です。避けるべきは、教員が学生を激しくののしること、あるいは口論になってしまうことです。それまでの研究指導において教員と学生の意思疎通がうまくいかなかった場合、口述試験で教員が学生を厳しく批判する事態に至る場合があります。もし主査の教員が学生に対して厳しい批判をするようであれば、副査は研究内容や研究手法について、別の角度からコメントするようにしましょう。複数の教員で

同時に学生を追い詰めないことが大事です。口述試験のような最終段階で非難の応酬をしても、学生・教員の双方が不幸になるだけです。厳しい指導はもっと前の段階で済ませておくことが良策です。

　口述試験のルールは大学によってさまざまです。指導教員は口述試験の主査にならない、あるいは審査に加わらないというルールを設けている大学もあります。これは修士論文や博士論文の作成に大きな影響力をもつ指導教員が、学位審査に中立的な立場で参加できるのかという意味を含んでいます。事前に本務校の学位審査ルールを確認するとよいでしょう。

4　大学院生のキャリア形成を支援する

4.1　意欲的な目標に挑戦させる

　指導教員は大学院生が自律的に研究を行ううえでさまざまなきっかけを提供することができます。まずは学生と個別面談し、彼らの希望するキャリアについて話を聞きましょう。そして、個々の学生の特性やニーズに合わせて、学会誌への投稿、奨学金や研究助成への申請、学会賞への応募など、大学院生が意欲的な目標に挑戦することを支援しましょう。たとえば研究者をめざす大学院生に対して、指導教員は次のようなキャリア支援をすることができます（ジェームスとボールドウィン 2008、名古屋大学高等教育研究センター 2011）。

・学会誌への投稿に関する情報を提供する
・各種奨学金、研究助成、学会賞などの情報を提供する
・学会の懇親会の場で学生を他の研究者に紹介する
・国内外の学会発表や学術調査のための旅費を補助する
・学生の学位論文に関係する研究の共同研究者、共著者になる
・専門家になるのに必要な能力の全体像を伝える
・研究室の卒業生を招いて後輩にアドバイスをしてもらう
・多様なキャリアパスを紹介する
・研究成果の出版を支援する（出版助成への申請を支援する、出版社を紹介するなど）
・多様な能力開発の機会を提供する（各種セミナー、ワークショップ、インターンシップ、留学など）

　第1部で述べたように、研究指導の初期の段階では学生に対してさまざまな一時的支援（足場作り）が必要です。ただし、指導教員として受け持ってから一定の時間が経過した大学院生の場合は、こうした一時的支援を徐々に取り除いて、大学院生が自力で研究のモチベーションを維持し、自力で研究を遂行できるようになることが望ましいです。誤解を恐れずにいえば、「研究指導の究極の目標は研究指導を必要としなくなること」です。博士号は専門分野において自律的に研究を行う基礎能力を証明するものだという考え方が一般的になりつつあります。

他大学の仲間と学びあう

事例　筆者が大学院に入学した四半世紀前、名古屋大学大学院教育学研究科（当時）の比較教育学講座では、指導教授が着任されて日が浅かったので、講座の先輩学生はいませんでした。つまり、筆者の学年が第1期生でした。当時、私の研究分野では、世界各国・地域の教育問題について現地で長期にわたってフィールドワークすることが通例でした。しかし、一研究室あたりの大学院生数は限られるので、どうしても院生同士が研究内容や悩みを共有する相手は限られ、孤独な戦いになってしまう傾向がありました。

　そこで私の指導教授は、京都大学、九州大学と三大学合同ゼミナールを企画してはどうかと筆者に持ちかけました。教員間でおよその合意は取り付けてあるから、後の企画運営は自分たちで考えてみなさいという提案でした。筆者は京都大学、九州大学にいる同学年の大学院生と連絡を取りながら、1泊2日で行う合同ゼミナールを立ち上げました。幹事校は持ち回りとしました。当時は電子メールがようやく普及しかけた頃でしたので、こういう準備や相互連絡は、今ほど簡単ではありませんでした。

　今から思えば、他大学の大学院生と一緒にゼミナールを行ったことは、ライバル意識が芽生え、貴重な知的刺激の機会になりました。また、いつもは指導教員が主導するかたちで、あまり深く考えることなく自大学のゼミに参加していたのですが、この合同ゼミでは学生がすべて運営するかたちをとったので、何事も主体的に考えざるをえませんでした。発表者の選定から全体のプログラム作成、食事や宿泊の手配、事後エクスカーションまでを含めて、すべて学生たちの手作りで、教員

はほとんど不介入のスタンスでした。

　この三大学ゼミは今でも持ち回り方式で続いています。立ち上げに
関わった者としてはうれしい限りです。そして、いつしか卒業生も参加す
る仕組みとなり、同窓会のような性格も帯びるようになりました。いろい
ろな大学の教員に巣立っていった卒業生がときどき参加して、在学生
にアドバイスする貴重な機会にもなっています。在学生にとっても、ふ
だんはなかなか会えない先輩と交流しながら、研究職のマーケットを知
る機会になっているようです。

4.2　大学院生のキャリアパスは多様化しつつある

　「研究指導実践の重要な目的は、指導生たちを孤立した研究者に育て
　上げることではない。広いプロフェッショナルな世界の一員として、
　十分なコミュニケーション力を備えさせることにある」(寺﨑 2013、
　p.36)

　修士課程(博士前期課程)を修了した学生の就職先は、文系理系を問わず、
民間企業、官公庁、教育機関など、多様化しています。5章で述べたような
卒業生のネットワークを充実させることで、研究室として大学院生のキャ
リア支援を積極的に行いましょう。大学のキャリアセンターが大学院生の
就職ガイダンスを実施しているケースも多くみられますが、大学院生はそ
のことに気がついていないことがあります。

　博士課程(博士後期課程)を担当する場合、大学院生に博士学位を授与する
ことが研究指導上のゴールではないということに留意する必要があります。彼らが安定したポストに就くまで、長期間にわたってキャリア上の相
談にのり、支援することが必要となるでしょう。また、博士課程修了者の進
路は分野によって大きく異なります。理系分野では民間企業に就職するこ
とが一般的になっているのに対して、文系分野では大学などの研究職に限
定されがちだというちがいがあります。

　現在では、博士号を取得した大学院生が大学教員をめざす場合、研究員、
助手、助教、講師などの若手教員ポストの大部分は任期付きになっていま
す。外部資金によって設けられた特任教員ポストのほとんども任期付きで
す。日本学術振興会が提供する特別研究員にはすべて任期が設けられてい

ます。従来は、これらの任期付きポストをいくつか経験しながら研究業績や教育経験を積んで、いわゆる「テニュア・トラック」の教員ポスト（任期のないポストに昇進できる可能性をもつポスト）をめざすのが一般的でした。

しかしながら、任期付きの若手教員ポストが増える一方で、定年まで在職権のある教授や准教授のポストの数は増えていません。仮に任期付きの若手教員ポストに就くことができたとしても、次の段階の競争が激しくなることが予想されます。長期にわたって任期付きのポストを渡り歩く研究者は珍しくなくなりました。この場合、若手研究者は出身研究室とつながりながら、さまざまな情報提供を受けることが一般的です。指導教員の役割は、大学院生に博士号を授与して最初の就職先に送り出したら終わりではなく、関係を持続しながら卒業生のキャリアを支援することが求められます。

4.3　研究職への就職を支援する

大学院生が大学教員などの研究職への就職を希望する場合は、公募情報の意図を読み解いて学生に伝えてください。学生には公募先の大学がどのような事情を抱えており、どのような意図で公募しているかを察知することは難しいでしょう。なぜなら、学生は大学がどういう仕組みや力学によって運営されているかを知るすべがないからです。

若手教員ポストの公募では、大学院時代の指導教員の推薦状が必要となるケースも多くあります。この場合は、申請者の研究業績を説明するだけでは不十分です。公募の趣旨に即して、公募先の大学や研究機関にとって、なぜその申請者が適任なのかを具体的に説明することが求められます。

大学院生が将来的に大学教員になることを希望する場合は、少しずつ「教える」経験を積むことを奨励するのも指導教員としての役割といえます。今日の大学教員採用においては、一定の教育経験を求める場合も少なくありません。まずは、授業やゼミのティーチング・アシスタントを担当してもらうことを通じて、教員としてノウハウを伝えてはどうでしょうか。近年では多くの研究大学が、将来の大学教員をめざす大学院生のための研修プログラムを提供しています。

15章

成長する指導教員

1 これまでの研究指導を振り返る

1.1 論文作成の日々を振り返らせる

　研究指導の改善に際に有効な方法の一つは、学生自身に論文作成の日々を振り返らせることだといえるでしょう。それを通じて、教員は自身の研究指導が適切であったかどうかを確認することができます。

　授業改善の方法については、PDCA (Plan-Do-Check-Action) サイクルを回すことの重要性がよく指摘されます。授業においてcheckするとは、一般に成績評定や授業評価アンケートの結果を振り返ることを意味します。多人数授業の場合は、受講者の一人ひとりと話し合いながら授業を振り返る機会は多くありません。これに対して、研究室での研究指導においては、卒業論文の口述試験そのものが振り返りの機会になることが多くあります。口述試験の際には、学生に次のような質問をするとよいでしょう。

・研究室での活動においてどのような知見や気づきが得られたか
・卒業論文を作成するうえで直面した課題は何か
・卒業論文を作成したことが、自身の将来にとってどのような糧となるか
・研究室の後輩にどのようなアドバイスを贈りたいか

　これらの点は、口述試験のときだけでなく、ゼミの最終回や研究室の送別会などの場で話してもらうのもよいでしょう。学生にとっては研究室を卒業するにあたって学生生活を振り返る機会となり、同時に後輩学生にとっては学生生活について貴重なアドバイスを得られる場になります。

1.2　指導教員としての所見を残す

　また、学生に振り返りを求める一方で、指導教員にも確認すべきことがあります。研究指導を担当する学生ごとに作成しているフォルダ（学生の発表資料、指導記録などを綴じたもの）に学生の卒業論文を加え、指導教員としての所見コメントを記録しておきましょう。たとえば次のような点です。

- ・研究テーマの選定は適切だったか
- ・先行研究の特徴や既存の理論モデルを十分に検証できたか
- ・実験や調査の方法は適切だったか
- ・卒業論文の論理構成は妥当であったか
- ・卒業論文の作成スケジュールは適切だったか
- ・当該学生と十分に意思疎通できたか
- ・当該学生は他の学生と十分に意思疎通できたか
- ・当該学生は研究室の行事には積極的に参加したか
- ・当該学生はどのようなキャリアをめざしてきたか（就職先、進学先など）
- ・当該学生のキャリアにとって、卒業論文を書いた経験がどのように役立ちそうか

2　日々の研究指導を改善する

2.1　日常のストレスを溜めない

　現代の大学教員は、研究指導の質を継続的に維持し、高めていくうえでさまざまな課題を抱えています。その最たるものは多忙化でしょう。一般的に、職位が上がるにつれて、大学組織の意思決定のために多くの時間を費やすことが求められるようになります。自分の研究活動と割り当てられた授業だけに専念できた若手教員の頃と比較すると、中堅教員の職務内容はしだいに多様化・複雑化していきます。

　教育面を見れば、本務校が学部定員を増員したり、新学部を設置したり、非常勤講師の人件費を削減しようとすることがよくあります。こうした影響を受けて、常勤教員の授業担当コマ数は一般的に増える傾向にあります。指導教員として担当する学生の数も増える場合があり、従来以上に多くの時間や労力を学生の研究指導に割かざるをえなくなっています。

　研究面では、多くの大学教員は大学から割り当てられる研究費だけで日

常の研究活動を賄うことは難しくなっており、科学研究費補助金などの競争的資金を獲得しなければなりません。このため、教員は申請書と報告書の作成に多くの時間を費やしています。個人研究だけでなく、学部・学科、あるいは大学として取り組む研究プロジェクトの担当者になると、人材確保や予算管理などの業務も発生します。

　管理運営面では、職位が上がるとともに会議や委員会の数が増える傾向にあります。教授や准教授の多くは学部・研究科の運営もしくは大学全体の運営のために必要な各種会議や委員会、各種ワーキンググループ、打合せなどで日中の時間が細切れになりがちです。さらには、認証評価や法人評価などへの対応業務もあります。

　こうした学内の変化に加えて、研究者として学内外から一定の評価を受けるようになると、学外からも学会の役員、学会誌の編集委員や投稿論文の査読、各種プログラムの外部評価委員の依頼が入るなど、さまざまな役割を期待されるようになります。また、中堅教員である時期は、家庭においてもさまざまなライフイベントが重なり、家庭生活と仕事の両立に苦労する場面が多くなります。

　総じていえば、若手教員から中堅、ベテランの教員となるにつれて、学生からはよく見えない部分に時間やエネルギーを割かざるをえない場面が多くなります。大学教員が健全な状態で研究指導を行うためには、自身の職務の繁忙化に注意を払い、これを適切にコントロールすることが肝心です。

　教員自身が日常の仕事をスムーズにこなせなくなると、精神的余裕を失ってしまう恐れがあります。大学教員が心身の健康を保ち、自身のストレスを管理・軽減するスキルを身につけることは、研究指導にとっても重要です。ストレスを溜めた状態でそのまま学生に向き合うことがないように留意しましょう。学生は教員がストレスを抱えていることを敏感に察知します。もしストレスを溜めた状態で頭ごなしに学生を叱りつけるようなことをすると、学生は萎縮してしまったり理不尽に感じたりするでしょう。そうなると、ストレスは研究室全体に伝播してしまいます。

　つまり、指導教員自身が「ストレスに対応できるモデル」として振る舞うことが重要です。もし、他の業務に忙殺されている状態で学生の研究指導をしなければならないときは、気分転換の時間を捻出しましょう。たとえば、お茶やコーヒーを飲んで一息入れる、外を散歩する、深呼吸する、瞑想する、ストレッチする、研究室でリラックスできる音楽を聴く、周りの人

と世間話をするなどして、気持ちをリセットしましょう（バーカー 2011）。

2.2　他者の力を借りる

　今日の大学では、ピアレビューなどを通じて授業改善に関する情報共有は進んできていますが、研究室運営に関する情報共有は授業に比べて圧倒的に遅れているのが現状です。それぞれの研究室でどのような問題が起きているのか、どのように対処したのかなどの事例を、まずは学科レベルや講座レベルで共有・蓄積しましょう。

　本書では指導教員と学生の間で起こりうるアカデミック・ハラスメントについても触れてきましたが、難しいのは、どこまでが教育的指導の範囲内で、どこからがハラスメントになるのかという線引きです。教員と学生の間には明確な権力関係が存在しますが、学生の側がハラスメントを受けたと相談窓口に申し出た時点で、教員側に非があると一方的に決めつけられるわけではありません。よく調べてみたら、学生の側に原因があり、教員の対応は教育的指導の範囲内と認められる場合も少なくありません。また、学生の言動が非常識だったり、理不尽だったりする場合（約束した面談時間に来ない、教員がアドバイスした内容を我田引水する場合など）、教員側が大きなストレスを感じたり、傷ついたりすることもあります。

　そういう場合は、問題をひとりで抱え込まないようにしましょう。研究室に問題が発生したら、深刻にならないうちに、学生のプライバシーに配慮しつつも、まずは気心の知れた同僚教員に相談するとよいでしょう。似た前例が存在し、他の教員が適切な対応のノウハウをもっているかもしれません。長く大学教員として勤めていれば、多かれ少なかれ、多様な研究指導の経験を蓄積しているはずです。場合によっては、教務委員長、学科長、学部長に相談する、学内外の専門家にカウンセリングを受ける、という選択肢もあります。

2.3　持続可能な研究指導をめざす

　まとまった数の学生を相手に、一定の時間内に一定の科目を担当する授業とは異なり、個別指導も含めて学生の研究テーマごとに対応する研究指導の内容には際限がありません。このため教員が研究指導に誠実に取り組もうとすると、場合によっては多くの時間と労力を費やし、教員自身が疲弊してしまう恐れがあります。そうならないようにするには研究指導の効率性を高めることが重要です。効率性を高めるためには、次のような省力

化の工夫が考えられます。

・研究指導に関する基本的なルールやマナーは研究室のホームページに掲載する、あるいは初回のゼミで伝える
・学生全員に共通する内容（卒業論文として満たすべき条件など）は、個別指導ではなく、ゼミの機会を利用して伝える
・上級学年の学生が後輩にアドバイスをする機会を設ける
・ランチタイムを活用して、学生の近況や進捗状況を確認する
・研究発表や個別面談の際には、前回からどのように改訂したのかを、学生に重点的に説明させる
・個別面談の内容を学生にメモさせて、事後にメールで報告するように伝える
・学生が同じミスを繰り返す場合、なぜそのようなミスが起きるのかを考えさせる
・学生が卒業論文の草稿を持ってくる際には、事前に自分で繰り返し読んで、文意が通っているかどうかを確認・推敲するように伝える
・日本語を母語としない学生が卒業論文を書く場合は、日本語として意味が通るかどうかを日本人学生に事前にチェックしてもらう
・教員が出張中でも学生と随時連絡がとれるように、インターネットのツール（電子メール、各種のSNSやSkypeなど）を活用する

　上記のうち、インターネットのツールを用いる方法には一長一短がありますので、活用する際には注意が必要です。長所は、研究指導が空間と時間の制約から解放されることです。教員と学生が互いの日程を調整する労力が必要なくなり、教員が国内外に出張する際や、学生が就職活動やインターンシップなどで大学に来られない場合でも容易に相互に連絡を取り合うことができます。
　短所は、研究指導上の繊細なニュアンスを伝えることができないことです。これらのインターネットツールは事務的な文字情報を正確に伝えることには適していますが、非言語コミュニケーションの割合を多く必要とする研究指導には不向きな場合があります。たとえば学生に厳しく注意を促すような場合は、活字だけでやりとりすると文字が一人歩きをして相互に誤解を生む恐れがあります。場合によっては、学生に直接対面して、非言語コミュニケーションを織り交ぜながら伝える方がより誤解が少なくなり

ます。インターネットツールを用いるのに適切な状況かどうかを判断することが重要です。

3　研究指導を通じて教員も成長する

3.1　学生の成長を定点観測できる

　研究指導の最大のメリットは、学生の成長を定点観測することができるという点です。授業を担当するだけでは、一定期間にわたる学生の成長を把握し、実感することは難しいでしょう。個々の授業の開講は数ヶ月間であり、学生との個人的な接触機会は限られているからです。研究室においては、個々の学生の成長ぶりを長期にわたって観察すると同時に、学生に少なからぬ影響を与えることになります。また、学生同士の関係が成熟・深化していく過程に立ち会うことができます。特に点数化が難しいような学生の内面的な成長を見届けることは、大学教員冥利に尽きるといえるでしょう。研究室での教育は、大学教育の「出口」段階で質の保証をするという意味においても重要な役割を担っています。

3.2　教育活動と研究活動を統合する

　もう一つのメリットは、研究指導の経験は教員自身に教育者や研究者としての成長を促すということです。管理運営業務に忙殺されがちな中堅以上の大学教員の日常において、研究室で学生の研究内容に向き合うことは、否応なく教育者としての自分に立ち戻る機会にもなります。研究室において学生の進捗状況を確認することにより、自身の授業や研究室運営のあり方を不断に見直す手がかりを得ることができます。

　また、研究指導の経験は教員自身の研究の活性化につながります。研究室で学生と接する機会を通じて、教員が学生から研究上の知的刺激を受けることは少なくありません。研究指導のプロセスを通じて、教員自身が学生時代に受けた研究指導の内容を追体験することもあります。学生時代に指導教員からアドバイスを受けたこと、注意されたことの意味が、逆の立場になることによってはじめて理解できることもあります。研究室において学生と向き合うことは、自分自身が研究者をめざそうとしていた頃の原点や問題意識を思い出させてくれる機会にもなります。

　その意味では、研究指導は大学教員にとって教育活動と研究活動を統合

する活動であるともいえるでしょう。大学教員が果たすべき役割は、教育活動と研究活動だけではありません（いわゆる「教育の学識」と「発見の学識」）。個別に存在する事実や知識を関連づけ、構造化し、その意味を考える「統合の学識」（scholarship of integration）、理論と実践の往復運動を意味する「応用の学識」（scholarship of application）も同時に重要であるとみなされています（ボイヤー 1996）。研究指導は、教育活動の一環でありながら、教員自身の総合的・統合的な役割を見つめ直す機会でもあるのです。そして、教員自身が学び続け、成長しようとする姿を学生に見せることに、研究指導の意義があります。

3.3　思うようにならないことも楽しむ

　これまで研究指導の具体的な方法について述べてきましたが、実際の研究指導は思うようにならないことの連続です。基礎的な研究能力が身についていない学生を放置しておけば学生は途方に暮れてしまいます。かといって学生をあまりにも細かく指導すると、精神的に追いつめてしまうかもしれません。あるいは教員に過度に依存してしまうかもしれません。基本は「信頼関係を築き、適度に介入し、後は気長にあたたかく見守る」ということに尽きます。この適度な介入の加減は、個々の学生との関係性によって変化します。ある学生には成功した方法が別の学生には不適切になることもあり、その逆もあります。研究指導のもつこの不確定要素の多さが、教員自身が大部分をコントロールできる授業や研究活動との大きなちがいです。

　思うようにならない点が多いからこそ、研究指導の経験は大学教員としてのあなたをひとりの人間として鍛えてくれるともいえます。ならば、開き直って「思うようにならないことを楽しむ」のも一つの方法です。学生はあなたとは異なる考え方、異なる態度、異なる行動をとるものだという前提に立ち、過度に一喜一憂しないことが肝要です。むしろ、研究指導の試行錯誤を通じて、教員自身の観察力、忍耐力、自己修正力を高める機会だと考えてみましょう。学生を信頼はするが100％当てにせず、一定の介入はするが干渉しすぎず、あたたかく見守るが甘やかさずといった具合に、研究指導には適度なバランス感覚が求められます。

第5部

研究指導のための資料

1 研究室ウェブサイトの作成

1.1 研究室ウェブサイトの要素

	掲載項目例	内容
トップページ	研究室の概要	イメージ画像やメニューのほか、研究分野、研究テーマ、求める学生像など
ヘッダー	大学名、学部名、学科名、研究室名	研究室名は担当教員氏名や研究分野を用いることが多い
イメージ画像	研究室の特徴を表すようなイメージ画や写真	教員の顔写真、ラボの様子など動きのあるスライドショーを用いるHPもある
トップメニュー／メインメニュー	教員の紹介・業績	プロフィール、著書・論文、学会発表、研究助成・科研費の獲得状況など
	理念と目標	研究室の運営方針、研究指導方針、卒業論文・修士論文・博士論文の合格水準、学生が研究室で身につけられる能力など
	研究室メンバー	指導教員、助手、アシスタント、大学院生、学部生の氏名・研究テーマなど 卒業生の就職先
	イベント、活動記録	新入生歓迎会やスポーツ大会、合同ゼミナールの様子などの研究活動（年間スケジュールや写真を含む）
	アクセス、オフィスアワー	指導教員の研究室の場所や、学生のためのオフィスアワーを記す
サイドメニュー	お知らせ	ゼミナール受講学生への伝達事項
	ゼミナール・授業	指導教員の担当する授業や演習の情報
	問い合わせ	研究室やHPの問い合わせ先
その他	SNSへのリンク	各種SNSとリンクすることで、意見交換
	その他のリンク	学会HPや、合同研究を実施している研究室のHPなどのリンク

1.2 教員紹介ページの項目

研究室独自のウェブサイトを開設する以外に、大学（学部）のホームページに教員紹介ページを設定し、そこで各教員の研究指導方針や学生へのメッセージを提示している場合も多くあります。教員の個人情報をどこまで公開すべきかについては、大学・学部・学科で取り決める必要があります。

教員紹介の項目例

・所属学部、学科、コース、講座
・職位
・顔写真
・研究内容、キーワード
・略歴、所属学会、受賞歴など
・研究業績（論文、著書、発表、特許、外部資金の種類など）

・教育業績 (担当授業、研究指導を担当した学生の数)
・社会貢献業績 (学会理事、編集委員、審議会の委員、招聘講演、コンサルタントなど)
・学内運営上の貢献度 (委員会、ワーキンググループなど)
・研究室の受入方針、研究指導方針、学生へのメッセージ
・オフィスアワー (事前約束なしでも学生が研究室を訪問してかまわない曜日・時間帯)
・連絡先 (研究室の場所、メールアドレスなど)

2 研究指導の実例*

2.1 教員の基本姿勢

1│学生に周知すべき一般的なルールやマナー

・メールの書き方全般 (宛名を書くこと、用件や期日を的確に伝えることなど)。
・締切を守ること。
・研究指導の個別面談を希望する場合は、教員に事前に連絡し、約束をとりつけること。
・相手の予定や都合を考えて、余裕をもって計画を立てること。

2│学生によって指導法を変える

・がんばりすぎる学生と、言わないとがんばらない学生によって対応を変える。
・就職する学生と大学院進学 (あるいは留学) する学生。
・学生のタイプによっては、別の教員から声をかけてもらうこともある。
・研究指導する学生ごとにファイルを用意する。

3│学生の自主性を重んじる

・学生からの質問に対して直接的・具体的な答えを与えずに、本人の考えを促す。
・考えていることを自分の言葉で説明させる。
・研究テーマを設定する際は、本人の興味・関心を尊重する。

4│研究・論文のルールやマナー

・参考文献の書き方、引用の仕方、データのとり方を周知する。
・著作権に配慮する。

5│添削・校正

・学生の研究計画書や論文を赤ペンで添削して返す。
・コピーをとって、学生と共有する。
・校正のやりとりを何度も行う。
・ワードの校正機能を用いて添削する。

6 | 研究以外

・学外学修（インターンシップなど）を勧める。
・研究とは関係のない学外活動（コンパなど）を取り入れる。
・研究とプライベートのメリハリをつけさせる。
・アカハラ、セクハラ、パワハラに配慮する（教員―学生間、学生間）。
・学生の体調面、精神面に気を配る。
・学生の関心事、読んでいる文献、研究以外を含めたバックグラウンドを把握する。

2.2　学生への指導内容

1 | 計画を立てさせる

・研究ノートや報告書の作成を義務づける。
・研究概要や研究成果報告書を作成させる。

2 | 先行文献を読ませる

・古典文献を正確に読むように指導する。
・先行研究を大量に読ませる。
・量・スピード・理解の正確さを重視して、先行文献・資料を読ませる。
・既存の研究がどの程度あるかを調べるように指導する。

3 | レポートを書かせる

・手本となる論文を見つけて、文章の書き方、構成の立て方、仮説の立て方をまねるように指導する。
・3年生後期と4年生前期に、まとまった分量のレポートを書かせる（大量の文字を書く分量感を体験させるため）。
・少ない分量の文章や細かい分析などを書かせて、提出させる。それがある程度まとまったら一つの論文として報告させる。

4 | グループで学ばせる

・数名のチームを組んで研究活動を行う。
・毎週課題を出して、提出した成果を学生同士で検討・修正し、次の課題へとつなげる。
・学生の書いた研究成果報告書を、学生間で相互チェックさせる。
・4年生が3年生をリードして、教え、学ぶという体制をとる。

5 | 発表させる

・論文や研究の構想をゼミで発表させる。
・研究成果を学会で発表させる。

＊この実例は、SPODフォーラム2016「研究指導入門――卒論作成を支援する」（担当講師：近田政博、実施日：2016年8月25日）の参

加者を対象に実施した質問紙調査と、神戸大学教員9人に対して実施した聞き取り調査（実施者：近田政博、実施期間：2016年8月〜9月）の結果をまとめたものです。

2.3　論文の提出前チェックリスト

評価項目	チェックリスト
規格・書式・文章	☐ 表紙の書式は正しいですか
	☐ 論文の枚数、フォント、指定ページ数、1ページあたりの行数と文字数は規則に沿っていますか
	☐ 参考文献の書き方は規則に沿っていますか
	☐ 脚注の付け方は規則に沿っていますか
	☐「章」「節」「項」の付け方は適切ですか
	☐ アカデミック・ライティングのかたちになっていますか
	☐ 他者が読んでわかりやすい文章（表現）になっていますか
	☐ 誤字脱字はありませんか
	☐ 文体は統一されていますか
オリジナリティ	☐ 先行研究を十分に検討していますか
	☐ 先行研究をふまえて論文のオリジナリティが明らかにされていますか
構成	☐ 研究の目的、分析、結論までの展開は論理的ですか
	☐ パラグラフ・ライティングのかたちになっていますか
	☐ 各パラグラフのトピックセンテンスは、わかりやすく書かれていますか
	☐ 各パラグラフのトピックセンテンスと関係のないことが記されていませんか
実験・調査	☐ 研究の目的にふさわしい実験・調査を実施していますか
	☐ 裏付けのない情報（情報提供者のわからないインターネット情報など）を参考にしていませんか
	☐ 実験や調査の結果を適切に考察していますか
研究テーマの意義	☐ 研究に社会的な意義がありますか。それは、明記されていますか
	☐ 研究に学術的な意義がありますか。それは、明記されていますか
研究倫理	☐ 剽窃はありませんか
	☐ 適切な引用記録が明記されていますか
	☐ 図や表について情報元の説明がありますか
	☐ 研究協力者へ調査目的、データの扱いについて説明し、承諾を得ていますか
	☐ 事実やデータをねつ造していませんか
その他 （研究分野によって異なる項目を含む）	☐ 指導教員と十分な協議を行いましたか
	☐ チームの一員として協調性をもって取り組みましたか
	☐（フィールドワークの場合）関与者のプライバシーを守り、地域の文化や伝統を尊重しましたか

出所　堀と坂尻（2017）、pp. 31-32を参考に作成

3 推薦状の作成

3.1 推薦状を書く際の留意事項

・学生を評価するのに適切な人材が推薦者になりましょう。

・学生と話し合いながら作成しましょう。

・記述すべき項目もしくは質問が設定されている場合は、すべての項目もしくは質問に対して、適切に応えましょう。

・事実に基づいた評価を記しましょう。

・長所・短所をバランスよく評価しましょう。

・短所について述べるときは、学生が克服できる短所を述べるようにしましょう。

・できるだけ簡潔に書きましょう。

・学生には、十分な余裕をもって各種プロポーザル（注：申請書、研究計画書など）を作成するように指導しましょう。

出所　チン (2009)、pp.337-339から抜粋

これらを実践するためには、推薦する学生について十分知っていることが重要です。もし、情報が不足している場合は、学生に事前に情報提供してもらう必要があります。

3.2 推薦状のテンプレート

1 | 学生が奨学金を申請する場合の推薦状例

○○県○○市奨学金
ご担当者様

（本状の目的）
謹啓　向寒の候、貴団体におかれましては益々ご清栄のこととお慶び申し上げます。
　このたびは、貴奨学金に、本研究室に在籍している○○を推薦いたします。
（推薦者と申請者の関係、申請者の能力や意欲）
　○○は、○年○月に○○大学 地域政策学部に入学し、私の研究室にて、地域活性化について研究をしています。○○市での地域活性プロジェクトにも積極的に参加し、地域活性化についての新たな可能性を探求すべく、努力をしています。昨年度における学業成績が学部内で10番以内に入っていることからも、研究に対する強い意志と意欲があり、たいへん勤勉に研究に励んでいることをご理解いただけると思います。
（申請者が奨学金を必要とする状況）
　○○は、本学で学ぶために、故郷の○○県○○市の実家を離れて、○○市で生活しています。3人姉妹の長女として、家庭に負担をかけないようにアルバイトをしながら勉学に励んでいます。しかし、大学での研究が本格的になるにつれ、研究に時間を割きたいという本人の希望で、これ以上アルバイトを増やすことができず、このたび貴団体の奨学金に応募するに至りました。
（申請者が申請先の団体の趣旨に合致する人物であるという内容）
　貴団体の奨学金の募集要項におかれましては、○○県○○市に貢献する人物であることが記されています。○○は、卒業後は故郷の○○県○○市の戻り、現在大学で学んでいることを活かして、故郷の地域活性化に取り組みたいと考えています。この点で、○○は貴団体の奨学金を受けるに最適な人物であると考えております。
（さらなる情報が必要な際には協力する旨）
　以上の理由から、○○を貴団体の奨学金に推薦させていただきます。さらなる情報が必要であれば、ご遠慮なく下記までお尋ねください。
　よろしくご高配を賜りますよう、お願い申し上げます。

敬具

年　　月　　日

○○大学地域政策学部准教授

○○○○

012-345-6789

xxxxxx@xxxx-u.ac.jp

2-1│学生の外国留学に必要な推薦状の例（英語）

May 10, 2018

○○○○ University
4321 Campus Rd, 5th Avenue, New York, NY 99999

To Whom It May Concern:

（推薦者の立場、出願者との関係について）

    I am very pleased to recommend Mr. ○○○○ for your course. As an assistant professor at ○○ University, I became well acquainted with Mr. ○○○○ while he was a student in my Social Studies Seminar, held weekly between 2014 and 2017. I instructed him in my International Corporation studies as well. I highly recommend him based on his ability, personal character, and qualifications.

（出願者の能力や資質に関する評価）

    He exhibited great leadership in my seminar when he was a senior student. I require students to work in groups, and the senior students are asked to support the juniors. He always coordinated between groups and took care of other students. In addition, he has a very strong sense of social consciousness. He often devote himself helping others with disaster prevention and relief. Thus he has demonstrated great leadership ability, strong communication skills, and an admirable sense of responsibility. Moreover, he is a cheerful and motivated person.

（出願者が出願先の大学で学ぶことの意義：出願者にとっての意義と、出願先にとって出願者が有益な人材となる旨を記します）

    So I believe that his character meets the criteria for admission at your university. With his remarkable attitude and diligence, I feel his efforts in your course will benefit not only his own future, but that of your institution, as well.

（出願者が推薦に値する人物であることを記述するとともに、出願先大学がさらなる情報を必要とする場合には協力するということを示します）

    He is excited about the prospect of studying at your university. I am confident that he is qualified to complete successfully his studies at your university. I am pleased to tell you more about him if you wish to e-mail or telephone me. I hope you will consider his admission favorably.

    Yours faithfully,
○○○○
Associate Professor
School of Public Management
xxxx University
xxxxxx@xxxx-u.ac.jp / +81- (0) 12-345-6789

2018年5月10日

◯◯大学

ご担当者様

　このたび、◯◯を貴学のコースに推薦いたします。わたくしは◯◯大学の准教授を務めており、2014年から2017年まで◯◯が私の研究室を在籍していたことから、彼のことをよく知っています。彼は、私が担当する週に1度のゼミに出席しておりました。これらの授業を通して、彼の高い能力と成績、良好な人柄について存じており、彼を高く評価しておりますので、彼を推薦いたします。

　◯◯は、研究室の中で十分にリーダーシップを発揮してきました。私の研究室では、学生はグループで作業をし、下級生のサポートをすることになっています。彼はグループ間の調整を行い、他の学生の面倒もつねにみていました。それ以外にも、彼は社会活動にとても意欲的です。彼は防災について積極的に取り組み、被災地にもボランティアとして数回訪れています。彼の長所は、リーダーシップがとれること、他人の気持ちを理解することができること、コミュニケーション能力が高いこと、そして、向上心を持ち続けていることです。

　こうした◯◯の長所は、貴学のアドミッションポリシーに挙げられている人材と一致するものです。日本における彼の優秀な成績に鑑みれば、貴学のコースで研究することは、貴学の発展および彼の飛躍につながることでしょう。

　彼は貴学のコースで学びたいという高い意志をもっています。わたくしは、彼が貴校での学問を成功裡に修了すると確信しています。彼についてのご質問については、下記のメールもしくは電話にてご連絡をいただければ、喜んでお答させていただきます。彼の入学につきましてご高配を賜りますよう、お願い申し上げます。

推薦者のサイン（自筆）

◯◯大学 公共政策学部准教授
xxxxxx@xxxx-u.ac.jp / +81-(0) 12-345-6789

3 | 学生の就職希望先への推薦状の例

年　月　日

株式会社○○○○

代表取締役　○○○○　様

○○大学　公共政策学部

准教授　○○○○

012-345-6789（研究室）

xxxxxx@xxxx-u.ac.jp

推薦状

拝啓　入梅の候、ますますご健勝のこととお喜び申し上げます。

　私は○○大学准教授の○○○○と申します。このたびは、私の研究室に所属する学生である○○を以下の理由により貴社へ推薦いたします。

（推薦者と学生の関係、推薦する学生の能力）

　○○は、私の研究室で地域社会の教育的役割について研究を行っています。資料を収集し整理する能力、それらを理解する能力の高さは、私の研究室に所属する学生の中でも群を抜いています。そして、文献研究だけでなく、フィールドワークやボランティアへも積極的に参加し、活動的な研究スタイルも有しています。また、研究室の運営にも積極的であり、調査研究旅行や合同ゼミなどの行事の際はリーダーシップを発揮しています。後輩たちの面倒見の良さも定評があり、協調性のある人物であることは間違いありません。

（推薦する学生の長所・セールスポイント）

　○○は周囲への適応性に富み、かつ日々の努力を怠ることのない性格ですので、貴社で勤務することになった際も、担当する業務でその能力を発揮することと思います。これらの理由から、微力ながら○○が貴社のお役に立つものと確信しております。

（さらなる情報が必要な際には協力する旨）

　ご不明な点やさらなる情報をお求めの場合は、上記の電話番号もしくはメールでご連絡をいただければ喜んでお答えいたします。なにとぞご高配くださいますようお願い申し上げます。

敬具

年　月　日

○○○○コミュニティセンター
センター長　○○○○　様

○○大学　公共政策学部
准教授　○○○○
012-345-6789（研究室）
xxxxxx@xxxx-u.ac.jp

学生の卒業論文調査へのご協力のお願い

拝啓　大暑の候、ますますご清栄のこととお喜び申し上げます。

（調査の依頼、推薦者と依頼者の関係）

　私は○○大学の○○○○と申します。このたびは、わたくしの研究室に所属する○○の卒業研究における調査にご協力いただきたく、本状を差し上げるしだいです。

（調査の背景、意図）

　○○は、私の研究室において、「地域のコミュニティセンターにおけるキャリア教育の役割」をテーマに卒業論文を作成しているところです。彼は、中学生を対象とした学習支援を実施している地元のコミュニティセンターにおけるボランティアスタッフとしての経験から、コミュニティセンターで学ぶ中学生たちがセンタースタッフとの交流から自らの将来像を具体化していく様子を見てきました。そこで、コミュニティセンターにおけるキャリア教育の側面に着目し、一定期間の参与観察と中学生やスタッフへのインタビュー調査を実施したいと考えています。

（調査および調査後のフィードバック）

　つきましては、この地域で最大のコミュニティセンターである貴センターにて、調査の実施にご協力いただけないでしょうか。貴センターのご都合をお聞かせいただければ幸いです。なお、参与観察の期間やインタビュー調査の内容などの調査の詳細については、本人からあらためて説明させていただきます。また、調査結果につきましては、貴センターへ後日フィードバックをお送りするように指導しています。

（不明点があった際に回答する旨）

　本状についてご不明な点がございましたら、上記の電話番号もしくはメールでご連絡をいただければ幸いです。なにとぞご高配のほどお願い申し上げます。

敬具

4 個別面談の記録

4.1 学生との面談記録シートの例（教員用）

学生氏名：

学年：

学籍番号：

研究テーマ：

面談日：　　　年　　月　　日（　）　　時

1｜話し合った内容

2｜不明な点、残された課題

3｜次回の面談までに学生が進めるべき点

4｜次回の面談予定日：　　　年　　月　　日（　）　　時

4.2　指導教員との面談記録シートの例（学生用）

氏名:

研究テーマ:

1｜前回の面談
・面談日:　　　　年　　月　　日（　　）
・前回明らかになった課題・指摘

2｜今回の面談
・面談日:　　　　年　　月　　日（　　）
・前回からの改善点

・今回の面談で新たに提案する内容

（以下は事後記録）
・今回の面談によって気づいた点、明らかになった点

3｜次回の面談
・次回の面談日:　　　　年　　月　　日（　　）　　時
・次回の面談日までにすべきこと

4｜卒業論文までの予定と現時点の進捗状況

参考文献

アカデミック・ハラスメントをなくすネットワーク編(2004)『アカデミック・ハラスメントをなくすために——アカデミック・ハラスメントの実態調査研究』資料集

赤堀侃司編(1997)『ケースブック 大学授業の技法』有斐閣

アクティブ・ブック・ダイアログ協会準備室「未来型読書法 アクティブ・ブック・ダイアログ(ABD)公式サイト」http://www.abd-abd.com/(最終アクセス:2017年12月25日)

阿部謹也(1997)『「教養」とは何か』講談社現代新書

荒木淳子(2007)「企業で働く個人の「キャリアの確立」を促す学習環境に関する研究」『日本教育工学会論文誌』31(1)、pp. 15-27

荒木淳子(2008)「職場を越境する社会人学習のための理論的基盤の検討——ワークプレイスラーニング研究の類型化と再考」『経営行動科学』21(2)、pp. 119-128

居神浩(2010)「ノンエリート大学生に伝えるべきこと——『マージナル大学』の社会的意義」『日本労働研究雑誌』602号、pp. 27-38

井口博、吉武清實(2012)『アカデミック・ハラスメント対策の本格展開——事案・裁判の争点/規程・体制の進化/相談・調整の要点』高等教育ハドブック8、高等教育情報センター編、地域科学研究会

井下千以子(2008)『大学における書く力考える力——認知心理学の知見をもとに』東信堂

ヴィゴツキー(柴田義松訳)(2001)『新訳版 思考と言語』新読書社

ヴィゴツキー(柴田義松、宮坂琇子訳)(2005)『教育心理学講義』新読書社

上田良二(1961)「Journalの論文をよくするために(V)」『日本物理学会誌』16(5)、pp. 345-349

エティエンヌ・ウェンガーほか(野村恭彦監修、櫻井祐子訳)(2002)『コミュニティ・オブ・プラクティス——ナレッジ社会の新たな知識形態の実践』翔泳社

潮木守一(2008)『フンボルト理念の終焉?——現代大学の新次元』東信堂

浦上昌則、脇田貴文(2008)『心理学・社会科学研究のための調査系論文の読み方』東京図書

ユーリア・エンゲストローム(松下佳代、三輪建二監訳)(2010)『変革を生む研修のデザイン——仕事を教える人への活動理論』鳳書房

大木秀一(2013)『文献レビューのきほん——看護研究・看護実践の質を高める』医歯薬出版

大島まり(2005)「学部学生教育への生産技術研究所の新しい試み」『生産研究』57(4)、pp. 224-228

大出敦(慶應義塾大学教養研究センター監修)(2015)『クリティカル・リーディング入門——人文系のための読書レッスン』慶應義塾大学出版会

小方直幸(2013)「大学教員と経営・管理業務」山本眞一『教職協働時代の大学経営人材養成方策に関する研究』高等教育研究叢書123、広島大学高等教育研究開発センター、pp.15-27

御輿久美子(2007)「アカデミック・ハラスメントのない大学に向けて——誰にとっても快適な学習・教育・研究・労働環境づくり」シリーズ「大学評価を考える」編集委員会編『アカデミック・ハラスメントと大学評価——より開かれた大学をめざして』大学評価学会発行、晃洋書房発売、pp. 18-52

尾崎仁美、松島るみ(2006)「大学生の授業意欲の変化とその要因」『京都ノートルダム女子大学生涯発達心理学科研究誌プシュケー』5号、pp. 63-74

片岡徳雄、喜多村和之編(1989)『大学授業の研究』玉川大学出版部

金井壽宏(2005)『リーダーシップ入門』日経文庫

金井壽宏(2006)『働くみんなのモチベーション論』NTT出版

川口幸宏(1983)「学問主体の形成をめざすゼミナール活動」原正敏、浅野誠編『実践的大学教育論』大学における教育実践3巻、水曜社、pp. 11-51

神田由美子、富澤宏之(2015)『調査資料236 大学等教員の職務活動の変化——「大学等におけるフルタイム換算データに関する調査」による2002年、2008年、2013年調査の3時点比較』文部科学省科学技術・学術政策研究所

木下是雄(1981)『理科系の作文技術』中公新書

木下是雄(1994)『レポートの組み立て方』ちくま学芸文庫

マイケル・ギボンズ編著（小林信一監訳）（1997）『現代社会と知の創造——モード論とは何か』丸善ライブラリー

草原和博、溝口和宏、桑原敏典編（2015）『社会科教育学研究法ハンドブック』明治図書

葛城浩一（2016）「ボーダーフリー大学における学課程教育の質保証——当該大学教員の意識に注目して」神戸大学大学教育推進機構編『大学教育研究』24号、pp. 53-66

ジェームズ・M・クーゼス、バリー・Z・ポズナー（高木直二訳）（2010）『大学経営　起死回生のリーダーシップ』東洋経済新報社

キャシー・クラム（渡辺直登、伊藤知子訳）（2003）『メンタリング——会社の中の発達支援関係』白桃書房

ロバート・K・グリーンリーフ（金井壽宏監訳、金井真弓訳）（2008）『サーバントリーダーシップ』英治出版

紅林伸幸（1997）「正統的周辺参加理論の教育社会学的一展開——学校化への視角：メタファーとしての《徒弟制》」『滋賀大学教育学部紀要　教育科学』47号、pp. 37-52

黒木登志夫（2016）『研究不正——科学者の捏造、改竄、盗用』中公新書

黒田光太郎、戸田山和久、伊勢田哲治編（2012）『誇り高い技術者になろう——工学倫理ノススメ』第2版、名古屋大学出版会

黒田裕子（2012）『黒田裕子の看護研究Step by Step』第4版、医学書院

ティモシー・W・クルーシアス、キャロリン・E・チャンネル（杉野俊子、中西千春、河野哲也訳）（2004）『大学で学ぶ議論の技法』慶應義塾大学出版会

経済産業省「社会人基礎力」http://www.meti.go.jp/policy/kisoryoku/（最終アクセス：2017年12月25日）

スーザン・ケイン（古草秀子訳）（2013）『内向型人間の時代——社会を変える静かな人の力』講談社

国立大学法人愛媛大学教育・学生支援機構編（2010）『愛媛大学における研究室教育の現状と課題——研究室マネジメントに関するインタビュー調査報告書』

国立大学法人北陸先端科学技術大学院大学　大学院教育イニシアティブセンター編（2012）『理工系大学院における研究室教育実態調査報告書』

児玉恵美（2013）「卒業論文作成における教育的意義について——学生の自尊感情と教員による期待」『応用障害心理学研究』12号、pp. 13-26

後藤邦夫（1983）「教室の学生たち——20年の教師生活から」『IDE』1985年5月号、pp. 32-34

齋藤孝（2016）『新しい学力』岩波新書

齋藤芳子、戸田山和久、福井康雄（2009）「宇宙100の謎——研究室をベースとする科学コミュニケーション教育の試み」『名古屋高等教育研究』9号、pp. 133-153

齋藤芳子、小林信一（2015）「大学院生から見た研究活動上の問題行為」科学技術社会論学会第14回年次研究大会要旨集、pp. 150-151

坂下玲子ほか（2016）『系統看護学講座別巻 看護研究』医学書院

坂本利子、堀江未来、米澤由香子編著（2017）『多文化間共修——多様な文化背景をもつ大学生の学び合いを支援する』学文社

笹川篤史、大倉真人（2014）「合同ゼミ発表会による学習効果について」『長崎大学経済学部研究年報』30号、pp. 29-42

佐藤郁哉（2015a）『社会調査の考え方（上）』東京大学出版会

佐藤郁哉（2015b）『社会調査の考え方（下）』東京大学出版会

佐藤公治（1996）「発達と学習の社会的相互作用論（2）」『北海道大學教育學部紀要』70号、pp. 1-68

佐藤大輔（2014）『「創造性」を育てる教育とマネジメント』同文舘出版

佐渡島紗織、吉野亜矢子（2008）『これから研究を書くひとのためのガイドブック——ライティングの挑戦15週間』ひつじ書房

佐渡島紗織、太田裕子編（2013）『文章チュータリングの理念と実践——早稲田大学ライティング・センターでの取り組み』ひつじ書房

柴田義松（2006）『ヴィゴツキー入門（寺子屋新書）』子どもの未来社

島田康行（2012）『「書ける」大学生に育てる——AO入試現場からの提言』大修館書店

島田康行、渡辺哲司（2015）「大学新入生が高等学校で経験した『国語』の学習内容──教育課程の改訂がもたらす学習の変化をとらえるために」『大学入試研究ジャーナル』25号、pp. 7-12

ドナルド・ショーン（佐藤学、秋田喜代美訳）（2001）『専門家の知恵──反省的実践家は行為しながら考える』ゆみる出版

シリーズ「大学評価を考える」編集委員会編（2007）『アカデミック・ハラスメントと大学評価──より開かれた大学をめざして』大学評価学会発行、晃洋書房発売

菅原国香（1972）「旧帝大工科、理科大学の理化学教育（明治－大正7年）──カリキュラムからみた化学を中心に」『物理学史研究』8(3)、pp. 43-66

菅原裕子（2003）『コーチングの技術──上司と部下の人間学』講談社現代新書

杉江修治、関田一彦、安永悟、三宅ほなみ（2004）『大学授業を活性化する方法』玉川大学出版部

杉原厚吉（2012）『大学教授という仕事』増補新版、水曜社

ニコラス・H・ステネック（山崎茂明訳）（2005）『ORI研究倫理入門──責任ある研究者になるために』丸善

全国大学生活協同組合連合会（2017）「第52回学生生活実態調査の概要報告」http://www.univcoop.or.jp/press/life/report.html（最終アクセス：2017年 12月1日）

全米科学アカデミー編（池内了訳）（2010）『科学者をめざす君たちへ──研究者の責任ある行動とは』第3版、化学同人

総合研究大学院大学学融合推進センター（2016）『第12回大学院教育研究会「大学院教育の課題と可能性」講義録』

曽禰元隆（1996）「卒業論文作成教育について──論文の作成を通じての大学教育」『工学教育』44(1)、pp. 19-23

大学評価・学位授与機構（2004）「大学評価基準」（機関別認証評価）

竹沢悠典（2007）『学生によるサイエンスコミュニケーション活動』東京大学科学技術インタープリター養成プログラム修士論文

田中俊也、山田嘉徳（2015）『大学で学ぶということ──ゼミを通した学びのリエゾン』ナカニシヤ出版

近田政博（2008）「社会人大学院生を対象とする研究方法論の授業実践」名古屋大学高等教育研究センター編『名古屋高等教育研究』8号、pp. 73-94

近田政博（2009）「大学院の研究指導方法に関する課題と改善策──名古屋大学教員に対する面接調査結果より」名古屋大学高等教育研究センター編『名古屋高等教育研究』9号、pp. 93-111

近田政博（2009）『学びのティップス──大学で鍛える思考法』玉川大学出版部

近田政博編著（2017）『神戸大学へようこそ──平成29年度神戸大学初年次セミナー共通教材』神戸大学大学教育推進機構 http://www27.cs.kobe-u.ac.jp/~masa-n/lecture/shonenji/pdf/textbook_2017.pdf（最終アクセス：2017年12月25日）

近田政博、杉野竜美（2017）「学生時代に研究指導を受けた経験が現在の研究指導に与える影響──徒弟モデルの再検証」神戸大学大学教育推進機構編『大学教育研究』25号、pp. 29-42

M・チクセントミハイ（今村浩明訳）（1996）『フロー体験──喜びの現象学』世界思想社

中央教育審議会（1999）「初等中等教育と高等教育との接続の改善について（答申）」http://www.mext.go.jp/b_menu/shingi/chuuou/toushin/991201.htm（最終アクセス：2017年12月25日）

中央教育審議会（2005）「我が国の高等教育の将来像（答申）」http://www.mext.go.jp/b_menu/shingi/chukyo/chukyo0/toushin/05013101.htm（最終アクセス：2017年12月25日）

中央教育審議会（2005）「新時代の大学院教育　　国際的に魅力ある大学院教育の構築に向けて（答申）」http://www.mext.go.jp/b_menu/shingi/chukyo/chukyo0/toushin/05090501/all.pdf（最終アクセス：2017年12月25日）

中央教育審議会（2008）「学士課程教育の構築に向けて（答申）」http://www.mext.go.jp/b_menu/shingi/chukyo/chukyo0/toushin/1217067.htm（最終アクセス：2017年12月25日）

中央教育審議会大学分科会（2015）「未来を牽引する大学院教育改革──社会と協働した『知のプロフェッショナル』の育成（審議まとめ）」http://www.mext.go.jp/component/b_menu/shingi/toushin/__icsFiles/afieldfile/2016/02/09/1366899_01.pdf（最終アクセス：2017年12月25日）

カーティス・S・チン（1992）『大学院留学のためのエッセーと推薦状——ビジネススクール、ロースクール出願完全ガイド』アルク

対馬栄輝（2010）『医療系研究論文の読み方・まとめ方——論文のPECOから正しい統計的判断まで』東京図書

坪田一男（2010）『理系のための研究生活ガイド——テーマの選び方から留学の手続きまで』第2版、講談社

坪田一男（2015）『理系のための研究ルールガイド——上手に付き合い、戦略的に使いこなす』講談社

寺井正憲、伊崎一夫（2015）『シリーズ国語授業づくり　発問——考える授業、言語活動の授業における効果的な発問』東洋館出版社

寺﨑昌男ほか（2013）『大学院研究指導への誘い——海外マニュアルの紹介』大学教育開発研究シリーズno.18、立教大学　大学教育開発・支援センター

寺﨑昌男ほか（2016）『大学院指導の組織とシーケンス——立教の点検と展望から』大学教育開発研究シリーズno.25、立教大学　大学教育開発・支援センター

ウィリアム・デレズウィッツ（米山裕子訳）（2016）『優秀なる羊たち——米国エリート教育の失敗に学ぶ』三省堂

ジョン・デューイ（市村尚久訳）（2004）『経験と教育』講談社学術文庫

同志社大学編（2016）「障がい学生支援制度——教職員のためのガイド」http://challenged.doshisha.ac.jp/houmonsha/img/guide.pdf（最終アクセス：2017年12月25日）

スティーヴン・トゥールミン（戸田山和久、福澤一吉訳）（2011）『議論の技法——トゥールミンモデルの原点』東京図書

東京大学教養教育高度化機構初年次教育部門、増田建、坂口菊恵編（2017）『科学の技法——東京大学「初年次ゼミナール理科」テキスト』東京大学出版会

東京大学大学院教育学研究科大学経営・政策研究センター（2012）「大学教員の授業観と教育行動——全国大学教員調査」http://ump.p.u-tokyo.ac.jp/crump/resource/kyoin_chosa.pdf（最終アクセス：2017年12月25日）

東北大学附属図書館　図書館情報教育支援WG（2014）『「レポート力」アップのための情報探索入門2014』http://hdl.handle.net/10097/57079（最終アクセス：2017年12月25日）

ケイト・L・トゥラビアン（沼口隆、沼口好雄訳）（2012）『シカゴ・スタイル　研究論文執筆マニュアル』慶應義塾大学出版会

戸田山和久（2011）『「科学的思考」のレッスン——学校で教えてくれないサイエンス』NHK出版

戸田山和久（2012）『新版　論文の教室——レポートから卒論まで』NHK出版

中井俊樹編著（2014）『看護現場で使える教育学の理論と技法』メディカ出版

中井俊樹編著（2016）『アクティブラーニング（シリーズ大学の教授法3）』玉川大学出版部

中島（渡利）夏子（2008）「米国の研究大学における1990年代以降の学士課程カリキュラムの特徴——研究に基づく学習を重視するスタンフォード大学の事例から」『東北大学大学院教育学研究科研究年報』57（1）、p.173-189

名古屋大学高等教育研究センター編（2010）「名古屋大学新入生のためのスタディティップス」http://www.cshe.nagoya-u.ac.jp/stips/（最終アクセス：2017年12月25日）

名古屋大学高等教育研究センター編（2005a）「ティップス先生からの7つの提案〈教員編〉」

名古屋大学高等教育研究センター編（2005b）「ティップス先生からの7つの提案〈学生編〉」

名古屋大学高等教育研究センター編（2011）「ティップス先生からの7つの提案〈大学院生編〉」

名古屋大学高等教育研究センター編（2011）『名古屋大学教員のための留学生受け入れハンドブック』名古屋大学国際化拠点整備事業

中原淳（2010）『職場学習論——仕事の学びを科学する』東京大学出版会

夏目達也、近田政博、中井俊樹、齋藤芳子（2010）『大学教員準備講座』玉川大学出版部

西垣悦代、堀正、原口佳典編著（2015）『コーチング心理学概論』ナカニシヤ出版

西垣順子（2012）「学士課程学生に対する先行研究の引用に関するレポート指導授業の開発とその効果に関する検討」『大阪市立大学　大学教育』10（1）、pp. 1-12

西野毅朗（2016）『ゼミナール教育の発展過程と構造に関する研究』同志社大学大学院社会学研究科

博士学位論文

日本学術会議(2013)「声明 科学者の行動規範——改訂版」http://www.scj.go.jp/ja/info/kohyo/pdf/kohyo-22-s168-1.pdf(最終アクセス:2017年12月25日)

日本学術振興会「科学の健全な発展のために」編集委員会編(2015)『科学の健全な発展のために——誠実な科学者の心得』丸善出版

日本教科教育学会編(2017)『教科教育研究ハンドブック——今日から役立つ研究手引き』教育出版

野口芳宏(2011)『野口流 教師のための発問の作法』学陽書房

マルカム・ノールズ(堀薫夫、三輪建二訳)(2002)『成人教育の現代的実践——ペダゴジーからアンドラゴジーへ』鳳書房

キャシー・バーカー(濵口道成監訳)(2011)『アット・ザ・ヘルム——自分のラボをもつ日のために』第2版、メディカル・サイエンス・インターナショナル

橋本京子(2011)「大学生の卒業論文作成時の自己認知、および卒業論文作成状況に対する認知に関する実証的検討——卒業論文作成によって生じるストレスの側面から」『京都大学大学院教育学研究科紀要』57号、pp. 489-502

橋本弘信、濱中義隆、角田敏一(2011)「研究室教育再考——理工系大学院の教員意識調査の分析」『大学評価・学位研究』12号、pp.31-48

羽田貴史編著(2015)『もっと知りたい大学教員の仕事——大学を理解するための12章』ナカニシヤ出版

広田照幸ほか編(2013)『シリーズ大学2 大衆化する大学——学生の多様化をどうみるか』岩波書店

ピーター・J・ファイベルマン(西尾義人訳)(2015)『博士号だけでは不十分!——理系研究者として生き残るために』白揚社

エステル・M・フィリップス、デレック・S・ピュー(角谷快彦訳)(2010)『博士号のとり方——学生と指導教官のための実践ハンドブック』出版サポート大樹舎

福澤一吉(2012)『文章を論理で読み解くためのクリティカル・リーディング』NHK出版

伏木田稚子、北村智、山内祐平(2011)「学部3,4年制を対象としたゼミナールにおける学習者要因・学習環境・学習成果の関係」『日本教育工学会論文誌』35(3)、pp. 157-168

伏木田稚子、北村智、山内祐平(2013)「教員による学部ゼミナールの授業構成——学生の特性把握・目標の設定・活動と指導」『名古屋高等教育研究』13号、pp. 143-162

リチャード・フロリダ(井口典夫訳)(2008)『クリエイティブ資本論——新たな経済階級の台頭』ダイヤモンド社

ウルリヒ・ベック(東廉、伊藤美登里訳)(1998)『危険社会——新しい近代への道』法政大学出版局

E・L・ボイヤー(有本章訳)(1996)『大学教授職の使命——スカラーシップ再考』玉川大学出版部

洞口治夫(2008)『ファカルティ・ディベロップメント——学部ゼミナール編』白桃書房

堀一成、坂尻彰宏(2017)『阪大生のためのアカデミック・ライティング入門』大阪大学全学教育推進機構

堀一成、坂尻彰宏(2016)『「阪大生のためのアカデミック・ライティング入門」ライティング指導教員マニュアル』大阪大学全学教育推進機構 http://hdl.handle.net/11094/54513(最終アクセス:2017年1月24日)

ロバート・ボルトン(米谷敬一訳)(2010)『ピープルスキル——人と"うまくやる"3つの技術』宝島社

本間正人、松瀬理保(2015)『コーチング入門』第2版、日経文庫

松尾睦(2011)『職場が生きる 人が育つ「経験学習」入門』ダイヤモンド社

水間玲子(2006)「大学生のアイデンティティ発達における専門教育の意義について——心理学専攻の学生を対象に」『京都大学高等教育研究』12号、pp.1-14

南裕子(2008)『看護における研究』日本看護協会出版会

村上春樹(2016)『職業としての小説家』新潮文庫

飯窪真也(2012)「協調学習を柱とした授業の継続的改善ネットワークにおける教員の協調と理解深化」『東京大学大学院教育学研究科紀要』51号、pp.467-484

エルトン・メイヨー(村本栄一訳)(1967)『新訳 産業文明における人間問題』日本能率協会

名城大学FD委員会(2011)『大学院教育の底力』https://www.meijo-u.ac.jp/about/education/center/publication/pdf/daigakuin_h23_all.pdf(最終アクセス:2017年12月25日)

名城大学FD委員会(2013)『大学院教育の底力』2号 https://www.meijo-u.ac.jp/about/education/center/publication/pdf/daigakuin_h24_all.pdf(最終アクセス:2017年12月25日)

茂出木理子(2014)「学習支援としての情報リテラシー教育——これまでとこれから」『大学図書館研究』100号、pp.53-64

文部科学省(2014)「研究活動における不正行為への対応等に関するガイドライン」http://www.mext.go.jp/b_menu/houdou/26/08/__icsFiles/afieldfile/2014/08/26/1351568_02_1.pdf(最終アクセス:2017年12月25日)

文部科学省(2015)「平成25年度の大学における教育内容などの改革状況について」http://www.mext.go.jp/a_menu/koutou/daigaku/04052801/__icsFiles/afieldfile/2015/10/21/1361916_1.pdf(最終アクセス:2017年12月25日)

文部科学省(2017)「平成26年度の大学における教育内容などの改革状況について」http://www.mext.go.jp/a_menu/koutou/daigaku/04052801/__icsFiles/afieldfile/2016/12/13/1380019_1_1.pdf(最終アクセス:2017年12月25日)

山川みやえ、牧本清子編(2014)『研究手法別のチェックシートで学ぶよくわかる看護研究論文のクリティーク』日本看護協会出版会

湯川やよい(2007)「ハラスメントと大学——学際的に考えることで見えてきたこと、これから考えるべきこと」シリーズ「大学評価を考える」編集委員会編『アカデミック・ハラスメントと大学評価——より開かれた大学をめざして』大学評価学会発行、晃洋書房発売、pp. 53-90

湯川やよい(2014)『アカデミック・ハラスメントの社会学——学生の問題経験と「領域交差」実践』ハーベスト社

リチャード・ジェームズ、ガブリエル・ボールドウィン(近田政博訳)(2008)『研究指導を成功させる方法——学位論文の作成をどう支援するか』ダイテック http://www.cshe.nagoya-.ac.jp/publications/file/Eleven_Practices_of_Effective_Postgraduate_Supervisors.pdf(最終アクセス:2017年12月25日)

ロバート・B・ライシュ(中谷巌訳)(1991)『ザ・ワーク・オブ・ネーションズ——21世紀資本主義のイメージ』ダイヤモンド社

ドミニク・S・ライチェン、ローラ・H・サルガニク(立田慶裕監訳)(2006)『キー・コンピテンシー——国際標準の学力をめざして』明石書店

ジーン・レイヴ、エティエンヌ・ウェンガー(佐伯胖訳)(1993)『状況に埋め込まれた学習——正統的周辺参加』産業図書

フェデリコ・ロージ、テューダー・ジョンストン(高橋さきの訳)(2008)『科学者として生き残る方法』日経BP社

ダン・ロススティン、ルース・サンタナ(吉田新一郎訳)(2015)『たった一つを替えるだけ——クラスも教師も自立する「質問づくり」』新評論

渡辺哲司(2010)『「書くのが苦手」をみきわめる——大学新入生の文章表現力向上をめざして』学術出版会

渡辺哲司(2013)『大学への文章学——コミュニケーション手段としてのレポート・小論文』学術出版会

渡辺哲司(2015a)「基本用語の説明」(連載:目的別文章の書き方——描写・説明・意見・説得)『指導と評価』5月号(通巻725号)、pp. 39-40

渡辺哲司(2015b)「パラグラフ・ライティング」(連載:目的別文章の書き方——描写・説明・意見・説得)『指導と評価』6月号(通巻726号)、pp. 38-40

渡辺哲司、島田康行(2015)「大学新入生が中学校・高等学校で経験した探究的な学習活動——実のある高大接続をめざす基礎調査」『大学入試研究ジャーナル』25号、pp. 1-6

渡辺哲司、島田康行(2017)『ライティングの高大接続——高校・大学で「書くこと」を教える人たちへ』ひつじ書房

渡辺雅子(2004)『納得の構造——日米初など教育に見る思考表現のスタイル』東洋館出版社

渡寛法、中島宏治、佐渡島紗織(2016)「ライティング・センターにおける文章作成支援の現状と課題——学生アンケートの自由記述分析から」『大学教育学会誌』38(2)、pp. 77-86

Bebeau, M. J. *et al.* (1995) *Moral Reasoning in Scientific Research: Cases for Teaching and Assessment*, Indiana University.

Berry, D. (2013) *Supervising PhDs and Other Research Degree Programmes: Good Practice Guide,*

Graduate School, University of Reading.

Braxton, J. M., Proper, E. and Bayer A. E. (2011) *Professors Behaving Badly: Faculty Misconduct in Graduate Education*, The Johns Hopkins University Press.

Chiappetta-Swanson, C. and Watt, S. (2011) *Good Practice in the Supervision & Mentoring of Postgraduate Students: It takes an Academy to Raise a Scholar*, MacMaster University, Canada.

Collins, A., Brown, J. S. and Newman, S. E.(1989) "Cognitive Apprenticeship: Teaching the Crafts of Reading, Writing, and Mathematics," in Resnick, L. B. ed. *Knowing, Learning, and Instruction Essays in Honor of Robert Glaser*, Lawrence Erlbaum Associates, Publishers, pp. 453-494.

Creaton, J., Nakai, T. and Saitoh, Y. (2010) *Eight Principles for Linking Research and Teaching*, University of Portsmouth & Nagoya University.

Davis, G. B. (2004) "Advising and Supervising Doctoral Students: Lessons I Have Learned," *Carlson School of Management*, University of Minnesota.

Delamont, S., Atkinson, P. and Parry, O. (2004) *Supervising the Doctorate: A Guide to Success*, 2nd ed., Open University Press.

Dweck, C. S. (2000) *Self-theories: Their Role in Motivation, Personality, and Development*, Psychology Press.

Eley, A. and Murray, R. (2009) *How to be an Effective Supervisor: Best Practice in Research Student Supervision*, Open University Press.

Ericsson, K. A., Krampe, R. Th. and Tesch-Romer, C. (1993) "The Role of Deliberate Practice in the Acquisition of Expert Performance," *Psychological Review*,100(3), pp. 363-406.

Fishman, T. ed. (2014) *The Fundamental Values of Academic Integrity*, International Center for Academic Integrity.

Gatfield, T. J. (2005) "An Investigation into PhD Supervisory Management Styles: Development of a Dynamic Conceptual Model and its Managerial Implications," *Journal of Higher Education Policy and Management*, 27(3), pp. 311-325.

Granott, N. (1993) "Patterns of Interaction in the Co-construction of Knowledge: Separate Minds, Joint Effort, and Weird Creatures," Wonzniak, R. H. and Fischer, K. W. (eds.), *Development in Context: Acting and Thinking in Specific Environments*, Hillsdale, NJ: LEA.

Hammer, M. (2012) "The Intercultural Development Inventory: A New Frontier in Assessment and Development if Intercultural Competence," In M. Vande Berg, R. M. Paige and K. H. Lou (eds.), *Student Learning Abroad*, Sterling, VA: Stylus Publishing, pp. 115-136.

Hartup, W. (1989) "Social Relationships and their Developmental Significance," *American Psychologist*, 44, pp. 120-126.

Higgins, M. C. and Kram, K. E. (2001) "Reconceptualizing Mentoring at Work: A Developmental Network Perspective," *The Academy of Management Review*, 26(2), pp. 264-288.

Jenkins, A. *et al.* (2007) *Reshaping Teaching in Higher Education: Linking Teaching with Research*, Routledge.

Kolb, D. A. (1983) *Experiential Learning: Experience as the Source of Learning and Development*, FT Press.

Lee, A. (2012) *Successful Research Supervision: Advising Students Doing Research*, Routledge.

Leonard, D. (2001) *A Woman's Guide to Doctoral Studies*, Open University Press.

Lindgren, H. C. (1956) *Educational Psychology in the Classroom*, John Wiley: New York.

Macfarlane, B. (2010) *Researching with Integrity: The Ethics of Academic Enquiry*, Routledge.

Mapstone, E. (1998) *War of Words: Women and Men Arguing*, Random House.

Moses, I. (1984) "Supervision of Higher Degree Students-Problem Areas and Possible Solutions," *Higher Education Research and Development*, 3(2), pp. 153-165.

Moses, I. (1985) *Supervising Postgraduates*, Higher Education Research and Development Society.

Murphy, N., Bain, J. and Conrad, L. (2007) "Orientations to Research Higher Degree Supervision," *Higher Education*, 53(2), pp. 209-234.

National Academies of Sciences, Engineering, and Medicine (2017) *Undergraduate Research Experiences for STEM Students: Successes, Challenges, and Opportunities*, The National Academies Press.

Peelo, M. (2010) *Understanding Supervision and PhD: Essential Guides for Lecturers*, Continuum International Publishing Group.

Phillips, E. M. and Pugh D. S. (2015) *How to Get a PhD: A Handbook for Students and Their Supervisors*, 6th ed., Open University Press.

Rosenthal, R. and Jacobson, L. (1968) *Pygmalion in the Classroom: Teacher Expectation and Pupil's Intellectual Development*, Holt, Rinehart, and Winston.

Steneck, N. H. (2006) "Fostering Integrity in Research: Definitions, Current Knowledge, and Future Directions," *Science and Engineering Ethics*, 12(1), pp. 53-74.

Taylor, S. and Beasley, N. (2005) *A Handbook for Doctoral Supervisors*, Routledge.

Twale, D. J. (2015) *A Faculty Guide to Advising and Supervising Graduate Students*, Routledge.

Wisker, G. (2012) *The Good Supervisor: Supervising Postgraduate and Undergraduate Research for Doctoral Theses and Dissertations*, second edition, Palgrave Macmillan.

Wood, D., Bruner, J. S. and Ross, G. (1976) "The Role of Tutoring in Problem Solvinga," *Journal of Child Psychology and Psychiatry, and Allied Disciplines*, 17(2), pp. 89-100.

執筆者　2022年5月現在

近田 政博
ちかだ・まさひろ

神戸大学 大学教育推進機構 教授
専門は大学教育論、比較教育学。1995年名古屋大学教育学部助手、1998年名古屋大学高等教育研究センター講師となり、同センター准教授を経て、2014年より現職（大学院国際協力研究科兼担）。著書に『知のリーダーシップ 大学教授の役割を再生する』（共訳）、『大学教員準備講座』（共著）、『学びのティップス』（単著）、『研究指導を成功させる方法』（訳書）、『成長するティップス先生』（共著）などがある。
担当　編著者、3章、4章、7章、9章、11章、14章、15章

西野 毅朗
にしの・たけろう

京都橘大学 教育開発・学習支援室／経営学部経営学科 専任講師
専門は高等教育論、教育文化学。同志社大学大学院社会学研究科博士後期課程修了。2016年京都橘大学教育開発支援センター専任講師となり、2021年より現職。著書に『日本のゼミナール教育』（単著）、『コロナ禍で学生はどう学んでいたのか』（共著）、『シリーズ大学の教授法3 アクティブラーニング』（分担執筆）などがある。
担当　10章、13章

齋藤 芳子
さいとう・よしこ

名古屋大学 高等教育研究センター 助教
専門は科学技術社会論、高等教育論。理化学研究所、文部科学省科学技術政策研究所（当時）、産業技術総合研究所技術と社会研究センターなどを経て、2006年名古屋大学に着任。著書に『知のリーダーシップ 大学教授の役割を再生する』（共訳）、『大学教員準備講座』（共著）、『研究者のための科学コミュニケーション/Starter's Kit』（編著）、『ティップス先生からの7つの提案〈大学院生編〉』（編著）、『盗用を回避するには』（日本語版監修）などがある。
担当　1章、2章、5章、6章、8章

渡辺 哲司
わたなべ・てつじ

文部科学省 初等中等教育局 教科書調査官（体育）
専門は発育・発達学。1996年開成高等学校非常勤講師（保健体育）、2000年九州大学アドミッションセンター講師となり、同大学高等教育開発推進センター准教授を経て、2011年より現職。著書に『木下是雄と学習院「言語技術の会」』（編著）、『あらためて、ライティングの高大接続』（共著）、『ライティングの高大接続』（共著）、『大学への文章学』（単著）、『「書くのが苦手」をみきわめる』（単著）などがある。
担当　12章

シリーズ 大学の教授法　5

研究指導

2018年3月25日　初版第1刷発行
2022年6月20日　初版第2刷発行

編著者　近田政博

発行者　小原芳明

発行所　玉川大学出版部
〒194-8610 東京都町田市玉川学園6-1-1
TEL 042-739-8935　FAX 042-739-8940
http://www.tamagawa-up.jp/
振替 00180-7-26665

デザイン　しまうまデザイン
印刷・製本　モリモト印刷株式会社

リーディングス 日本の高等教育
【全8巻】

大学はどこへいくのか――。
わが国の高等教育領域における問題群を39に区分けし、
そのトピックごとに解題と解説を加えながら研究論文を精選。
高等教育研究に新しい視座と議論を提供する重要論文のアンソロジー。

A5判上製・平均376頁　本体 各4,500円

1
大学への進学
選抜と接続
中村高康 編

2
大学の学び
教育内容と方法
杉谷祐美子 編

3
大学生
キャンパスの生態史
橋本鉱市 編

4
大学から社会へ
人材育成と知の還元
小方直幸 編

5
大学と学問
知の共同体の変貌
阿曽沼明裕 編

6
大学と国家
制度と政策
村澤昌崇 編

7
大学のマネジメント
市場と組織
米澤彰純 編

8
大学とマネー
経済と財政
島一則 編

表示価格は税別です。